共产党宣言

[德] 马克思　恩格斯 / 著　　陈望道 / 译

陈望道译《共产党宣言》书影

译者陈望道(1891—1977)

出版说明

大语文时代,阅读的重要性日益凸显。中小学生阅读能力的培养,已经越来越成为一个受到学校、家长和社会广泛关注的问题。学生在教材之外应当接触更丰富多彩的读物已毋庸置疑,但是读什么?怎样读?仍然是一个处于不断探索中的问题。

2020年4月,教育部首次颁布了《教育部基础教育课程教材发展中心 中小学生阅读指导目录(2020年版)》(以下简称《指导目录》)。《指导目录》"根据青少年儿童不同时期的心智发展水平、认知理解能力和阅读特点,从古今中外浩如烟海的图书中精心遴选出300种图书"。该目录的颁布,在体现出国家对中小学生阅读高度重视的同时,也意味着教育部及相关专家首次对学生"读什么"的问题做出了一个方向性引导。该目录的推出,"旨在引导学生读好书、读经典,加强中华优秀传统文化、革命文化和社会主义先进文化教育,提升科学素养,打好中国底色,开阔国际视野,增强综合素质,培养有理想、有本领、有担当的时代新人"。

上海教育出版社作为一家以教育出版为核心业务的出版单位,数十年来致力于为教育领域提供各种及时、可靠、实用、多样的图书产品,在学生阅读这一板块一直有所布局,也积累了一定的经验。《指导目录》颁布后,上教社尽自身所能,在多家兄弟出版社和相关机构的支持下,首期汇聚起其中的100余种图书,推出"中小学生阅读指导目录"系列,划分为"中国古典文学""中国现当代文学""外国文学""人文社科""自然科学""艺术"六个板块,按照《指导目录》标注出适合的学段,并根据学生的需要做适当的编排。丛书拟于一两年内陆续推出,相信它的出版,将会进一步充实上教社已有的学生课外阅读板块,为广大学生提供更经典、多样、实用、适宜的阅读选择。

编 者

出版说明

《共产党宣言》是马克思和恩格斯所写的共产主义纲领,于1848年2月问世。这部光辉的著作,第一次运用辩证唯物史观全面地、系统地考察了人类社会的历史进程,阐明了科学社会主义的基本原理,开辟了全世界无产阶级和人民大众解放运动的新纪元。

《共产党宣言》第一个中文全译本,由陈望道翻译;1920年8月,社会主义研究社将其作为"社会主义研究小丛书"第一种在上海出版。这在当时中国知识界、思想界引起了极大的激荡和反响,首印1 000册,旋即售罄,遂于同年9月再版;此后不断重版再印,直至1938年刊行最后一版,共出版了40多次。这样,它就成为当时国内流行最广、影响最大的马克思主义经典著作。

这里的文本是依据陈望道译本1920年9月版印出的。为保持历史原貌,在编辑上对内容不作校订,对专名的译法、当时的语言习惯等也不依现在的规范做改动;对有些需作说明的地方,作了附注。原为直排,现改为横排;字体则改用现行规范汉字;标点符号也大体保持原样。

陈望道是"五四"时期白话文运动的倡行者,又是一位文法修辞学家。其译文自有其文法修辞上的特色。这也是今天阅读时需要体会的。

上海教育出版社
二〇二〇年五月二十日

目录

陈望道《共产党宣言》中译本导读 / 杨宏雨 …………… 1

第一章　有产者及无产者 ……………………………… 4
第二章　无产者和共产党 ……………………………… 18
第三章　社会主义及共产主义的著作 ………………… 29
　　一　复古的社会主义 ……………………………… 29
　　二　保守的社会主义（资本家社会主义）………… 35
　　三　批评的空想社会主义和共产主义 …………… 37
第四章　共产党和在野各党底关系 …………………… 40

附录一　陈望道生平事略 / 陈光磊 …………………… 42
附录二　陈望道与他的《共产党宣言》中译本 / 陈振新 …… 52

陈望道《共产党宣言》中译本导读

杨宏雨

"一个幽灵,共产主义的幽灵,在欧洲游荡。为了对这个幽灵进行神圣的围剿,旧欧洲的一切势力,教皇和沙皇、梅特涅和基佐、法国的激进派和德国的警察,都联合起来了。""全世界无产者,联合起来!"以上分别是《共产党宣言》(以下如无特别需要,一般简称为《宣言》)中的第一段和最末一段。1848年2月,《宣言》以这样战斗的姿态在欧洲大陆横空出世。《宣言》从问世到今天,在170多年的时间中,先后被译成200多种文字出版,被公认为是全世界传播最广、影响最大的政治文献之一。它改变了无产阶级和被压迫人民的命运,改写了人类历史,其影响遍及全世界每一个角落。

语言是思想传播的载体,《宣言》以马克思、恩格斯的母语德文写成,在马克思、恩格斯在世的时候,就先后被翻译成丹麦文、法文、俄文、英文、波兰文、西班牙文、意大利文等多种文字出版。但由于中西文化的差别,加上绝大多数中国人不懂得这些欧洲语言,近代以来很长一段时间内,中国人对马克思、恩格斯及其思想一直知之甚少。1920年,29岁的浙江青年陈望道

"费了平时译书的五倍功夫",翻译了《宣言》第一个中文全译本,从此,马克思主义在中国的传播速度越来越快、影响越来越大。1921年,中国共产党诞生。1949年,年轻的中国共产党在东方最古老的国度里建立了自己的政权。截至2019年12月底,全国党员总数达9 191.4万名。

一、1920年以前《共产党宣言》在华传播情况

1848年,《宣言》在欧洲问世时,远在万里之外的中国对马克思、恩格斯及其思想一无所知。在此后半个世纪的时间里,中国的报刊、书籍上没有出现过马克思、恩格斯的名字,更不会提及标志着马克思主义诞生的《共产党宣言》。

1899年2月,上海《万国公报》第121期刊载了由英国人颉德原著,李提摩太节译、蔡尔康纂述的《大同学》第一章《今世景象》。该文第一次提及马克思的名字,称其为"百工领袖",并引述了《宣言》中的一段话:"纠股办事之人,其权笼罩五洲,突过于君相之范围一国。"这段话对应的就是今天《宣言》中译本中的"资产阶级,由于开拓了世界市场,使一切国家的生产和消费都成为世界性的了"。此时距离《宣言》发表整整过去了51个年头。

1906年1月,朱执信以笔名"蛰伸"在《民报》第2号上发表了《德意志社会革命家小传》,比较详细地介绍了马克思、恩格斯的生平和学说。文中称呼马克思为"马尔克",恩格斯为"嫣及尔",把他们合作的《共产党宣言》称为《共产主义宣言》,并说"马尔克之事工,此役为最",又说"马尔克既草《共产主义宣

言》,万国共产同盟会奉以为金科玉律,故颂美马尔克,诟病马尔克者,咸是焉归"。文中还摘译了《宣言》的部分文字和第二章末尾的十项要求。

1906年4月,宋教仁以笔名"犟斋"在《民报》第5号上发表《万国社会党大会略史》,文中提及"马尔克之作 Karl Marx《共产党宣言》(*Communist Manifesto*)也,其末曰:'吾人之目的,一依颠覆现时一切之社会组织而达者,须使权力阶级战栗恐惧于共产的革命之前,盖平民所决者惟铁锁耳,而所得者,则全世界也。'又曰:'万国劳动者其团结。'"宋教仁是第一个使用"共产党宣言"这个译名的人。上文摘译的两句话是《宣言》的最后两段。

1906年9月,叶夏声以笔名"梦蝶生"在《民报》第7号发表《无政府党与革命党之说明》一文,文中称《共产党宣言》为《共产党的宣言》,并介绍了《宣言》的十条纲领,以此论证马克思主义"非乌托邦"。

1907年12月,何震在《天义报》第13、14卷合刊上发表了署名为"震述"的《女子革命与经济革命》一文,附录中摘译了《宣言》中对资产阶级婚姻制度的批判。

1908年1月,《天义报》第15期刊登民鸣从日文翻译的恩格斯为《宣言》1888年英文版写的序言,接着该报第16—19期又连载民鸣翻译的《共产党宣言》第一章全文。

1912年6月,王缁尘把朱执信1906年1月发表于《民报》第2号的《德意志社会革命家小传》中有关马克思的传记部分扩充,然后在《新世界》第2期以《社会主义大家马儿克之学说》

（势伸[1]译述、煮尘重治）为题加以发表。在该文的绪论中，他称马克思是"万国社会党之《共产宣言书》草之者"，并称赞《宣言》"不啻二十世纪社会革命之引导线，大同太平新世界之原动力"。

1919年4月6日，《每周评论》第16号刊登了成舍我（署名为舍）摘译的《共产党宣言》第二章的部分内容，并在译者说明中指出："这个宣言是Marx和Engels最先最重大的意见。"

1919年5月，谭平山在《新潮》第1卷第5号上发表了《"德谟克拉西"之四面观》，文中摘译了《宣言》中的十条纲领，并说："《共产党之宣言书》乃马氏与英智尔（Engels）所共同发表者也。"

1919年5月5日至8日，《晨报》分四期连载了渊泉（陈溥贤）翻译的日本河上肇的《马克思的唯物史观》一文。文中大量摘引《宣言》的内容，有些语言表述，与后来陈望道译本中的文字已较为接近。

1919年8月，张闻天在《南京学生联合会日刊》上发表论文《社会问题》，文中摘译了《宣言》第二章中的十条纲领。

1919年9月，新青年第6卷第5号出版，该号为"马克思主义研究专号"，收录了李大钊《我的马克思主义观》（上）、顾照熊《马克思学说》、凌霜（黄凌霜）《马克思学说批评》、陈启修《马克思的唯物史观与贞操问题》、渊泉（陈溥贤）《马克思的唯物史观》和《马克思奋斗的生涯》、刘秉麟《马克思传略》。不少人的

---

[1] 该报把朱执信的笔名"蛰伸"误排成了"势伸"。

文章提及马克思和恩格斯合著的《共产党宣言》,并引述了其中部分文字。

1919年11月,《国民》杂志第2卷第1号发表北京大学学生李泽彰摘译的《共产党宣言》第一章,标题为《马克思和恩格斯共产党宣言》。

从1899年到1919年,中国人对马克思、恩格斯及其合著的划时代的伟大文献《共产党宣言》做了不少介绍,这些零星、古奥,有时甚至夹杂着错误的介绍,激起了不少中国人的好奇与期盼。1920年,陈望道接过了历史的接力棒,用白话文完成了《宣言》的全本翻译。

二、陈望道苦译《共产党宣言》

1917年11月7日,列宁领导的布尔什维克党在俄国夺取了政权,这是马克思主义在实践中的第一个胜利。半年以后,时年29岁的东方青年李大钊就大胆地断言:"俄罗斯之革命是二十世纪初期之革命,是立于社会主义上之革命,是社会的革命而并著世界的革命之采色者也。""俄罗斯之革命,非独俄罗斯人心变动之显兆,实二十世纪全世界人类普遍心理变动之显兆。"[1]

1919年5月4日,北京学生为抗议巴黎和会上中国外交的失败走上街头,举行抗议游行。6月5日,上海工人为抗议北京政府镇压学生运动举行罢工,接着全国多地掀起了学生罢课、工人罢工、商人罢市的"三罢运动"。工人阶级强有力的支持对

---

[1] 李大钊:《法俄革命之比较观》,《言治》季刊第三号,1918年7月1日出版。

五四运动的胜利起了重大作用。上海"六五工人罢工"以后,戴季陶、沈玄庐等人意识到中国"工人直接参加政治社会运动的事已经开了幕"[1],为此他们创办了以宣传新文化、研究劳工运动和社会主义为主旨的《星期评论》。该刊在五四时期影响很大,发行量达3万多份,与陈独秀、李大钊创办的《每周评论》一起被时人誉为"舆论界中最亮的两颗明星"[2]。

"五四"时期的戴季陶是一个激进青年(戴季陶生于1891年,1919年只有28岁),对马克思非常崇仰,称颂马克思"是社会主义的'集大成者',是社会主义的'科学根据'的创造者"。[3] 他先后在《星期评论》、《建设》、《民国日报》副刊《觉悟》上发表了很多介绍马克思主义学说的文章。据统计,仅在《星期评论》上,戴季陶就在15篇文章中一共提及马克思127次、恩格斯24次、马克思主义22次,是《星期评论》上介绍、评论马克思和恩格斯及其学说篇数最多的人。戴季陶早年在日本留学期间获得一本由幸德秋水、堺利彦合译的日文版《宣言》。他熟稔日文,很想自己把这本《宣言》译成中文,然后在《星期评论》上连载,但因为翻译这部巨著难度极大,加上事务繁多,最终他不得不放弃自译的打算。正当戴季陶为翻译《宣言》发愁时,时任《民国日报》经理邵力子向戴季陶推荐了陈望道,并说:"能承担此任者,非杭州陈望道莫属!"

陈望道(1891—1977),浙江义乌人,著名教育家、语言学

---

[1] 季陶:《访孙先生的谈话——社会教育应该怎么做?》,《星期评论》第3号,1919年6月22日。

[2] 《教育潮》第3期,1919年8月出版。

[3] 季陶:《"世界的时代精神"与"民族的适应"》,《星期评论》第17号,1919年9月28日。

家，1915—1919年赴日本留学，先后在日本东洋大学、早稻田大学、中央大学等校学习文学、哲学、法律，获中央大学法学士学位。在日期间，陈望道为日本如火如荼的社会主义运动所吸引，阅读了大量宣传马克思主义的书籍。1919年，陈望道回国后，就职于杭州的浙江省立第一师范学校。他积极宣传新文化新思潮、提倡妇女解放，和刘大白、李次九、夏丏尊一起被师生们尊称为"四大金刚"。

《宣言》内容博大精深，表述文采飞扬，要翻译这部经典著作绝非一桩易事。连《宣言》的著作者之一恩格斯本人都承认"翻译《宣言》是异常困难的"[1]，"《宣言》的翻译一直使我害怕，——它使我想起我在一切文献中最不好翻译的这部文献上所白白耗去的艰苦时刻"[2]。1920年初，29岁的陈望道着手翻译《宣言》。他以幸德秋水、堺利彦合译的日文版《宣言》为底本，同时参考英文版，字斟句酌，力求达到信、达、雅的翻译水准。为了专心致志，不受外界的干扰，陈望道把工作地点选在义乌老家那间僻静的柴房里。翻译工作异常的艰辛，有时一天也译不了几十个字，有时想表达点什么，却苦于找不到合适的字词。一天接着一天，一晚接着一晚，稿子上的字多起来，陈望道却日渐消瘦下去。在翻译过程中，由于太过忘我工作，以至在吃粽子时误蘸墨汁。这个故事一直流传至今，被誉为"真理的味道"。1920年6月，经过几个月的不懈努力，陈望道终于用

---

[1] 恩格斯:《致弗·阿·左尔格》,《马克思恩格斯全集》第36卷,人民出版社1975年版,第46页。
[2] 恩格斯:《致劳·拉法格》,《马克思恩格斯全集》第36卷,人民出版社1975年版,第361页。

中文译出了《共产党宣言》这部划时代的马克思主义经典。

《宣言》译好之时，戴季陶、沈玄庐等人创办的《星期评论》因各种原因已经停刊，因此，在《星期评论》上连载的计划落空。1920年8月，陈望道的译本经陈独秀、李汉俊校对后以上海社会主义研究社的名义正式出版，由当时秘密成立的又新印刷所承印，初版1 000册。由于排版疏忽，初版封面上的书名"共产党宣言"印成了"共党产宣言"。9月，再版时改正了书名，封面马克思的肖像从原来的红色改为蓝色。陈译《宣言》出版后供不应求，据不完全统计，从1920年到1926年，先后再版17次，累计达10万册以上。

三、陈译《共产党宣言》划时代的意义

陈译《共产党宣言》的出版，在马克思主义传播史上具有划时代的伟大意义。

陈译本是《宣言》的第一个中文全译本[1]。此前无论是朱执信、宋教仁等资产阶级革命派，刘师培、何震等无政府主义者，还是李大钊、陈启修等早期马克思主义知识分子，他们对《宣言》的介绍都是零星的、片段的，是服务于其文章需要的。这些挂一漏十的介绍，或包含错误，或诘屈聱牙，如蔡尔康纂述的《大同学》把马克思错成了英国人，朱执信用"株主"表达"股东"之义，对《共产党宣言》最后一句"全世界无产者，联合起来！"的翻译竟是"嘻来！各地之平民，其安可以不奋也！"显然，

---

[1] 根据1908年1月《天义报》第15期的广告，似乎当时刘师培等无政府者曾在日本组织人翻译《共产党宣言》，但迄今未见到实物，可能仅是打算，并未译出。

依靠这些一鳞半爪的介绍不可能对《宣言》登堂窥奥，更不可能满足中国工人阶级和青年知识分子对先进理论的要求。

陈望道的中译本在汲取前人翻译成果的基础上，用新文化运动中流行的白话文译述。译文大量采用了"底"和"的"字作为助词，"之乎者也"之类文言虚词几乎全部消失。对于一些新名词如"自由民、贵族、骑士"等，在名词后面用括号附上英文，这样既有利于传播，又可以最大限度地避免中西文化差别造成的歧义。陈译本还使用了诸如"凝结的散作烟云，神圣的堕入秽亵"，"宗教的热忱，义侠的血性，儿女的深情，早已在利害计较的冰水中淹死了"这类文学性语言，更使译文显得漂亮、飘逸。陈望道具有极高的文学修养和语言学造诣，因此，陈译本出版以后，在相当长的一段时间内无人再去试译，直到1930年，华岗才翻译了《宣言》的第二个中译本。1949年以前，除陈望道的译本外，国内先后出版过四个译本——1930年3月华岗译本，1938年8月成仿吾、徐冰译本（简称成、徐译本），1943年陈瘦石译本，1943年博古译本。这些译本都在不同程度上借鉴过陈望道的译文。

陈译本极大地推动了马克思主义中国化。所谓马克思主义中国化，就是马克思主义与中国国情相结合。中国的国情是什么，可以从不同的角度去观察和思考，但谁都不能否认，汉语是中国大多数人的母语。在20世纪初期的中国，除少数精英外，绝大多数中国人都不懂外语，无论是日语、英语还是德语、法语……。因此，马克思主义中国化的第一步就是让马克思、恩格斯这些革命导师说中国话。换言之，翻译是马克思主义中国化的前提和重要组成部分。陈译本以漂亮、优雅的白话文为工具，深入浅出地翻译马克思、恩格斯的这部匠心独运的不朽之作，大大地推进了马克思主义中国化的历程，无数爱国志士在陈译本的引导下走上了共产主义的道路。1920年，周恩来读了陈望道版《宣言》中文译本后，更坚定了追求真理、救国救民的信念。后来他远赴法国，继续深入学习，并成长为一名共产主义者。刘少奇则曾经在外国语学社聆听过陈望道讲授《宣言》课程，这切实影响了他的人生之路。陈译《宣言》，也是朱德入党的引路读物。1936年，毛泽东在延安接受斯诺采访时曾经说过，陈望道翻译的《宣言》是使他转变为马克思主义者的三本书之一。抗战时期，毛泽东对一位进马列学院学习的同志说："马列主义的书要经常读。""《共产党宣言》，我看了不下一百遍，遇到问题，我就翻阅马克思的《共产党宣言》，有时只阅读一两段，有时全篇都读，每读一次，我都有新的启发。"

陈译本对中国共产党的创建起了重大的催化作用。1920年五、六月间，陈独秀、李汉俊、俞秀松、施存统、陈公培等人在上海酝酿成立中国共产主义组织，初步定名为"社会共产党"。8月，上海的共产党早期组织在法租界老渔阳里2号《新青年》编辑部正式成立，并正式定名为"中国共产党"。这是中国第一个共产党组织。1920年11月，上海共产党早期组织在陈独秀的主持下起草了《中国共产党宣言》。把这个文献和陈译《宣言》相对比，不难看出，该文献是在学习和研究了陈译《宣言》之后的产物。陈译《宣言》在1920年八、九月间连印2次，数量达2 000册，并很快行销一空，对各地共产党早期组织的建立的影响显然是巨大的。共产党早期组织成员大多有过阅读陈译《宣言》经历。1921年7月,中国共产党第一次代表大会召开,宣告中国共产党成立。中共成立被誉为"开天辟地大事变",在中国共产党成立之前出版的陈译《共产党宣言》无疑就是一把开天辟地的利斧。

1933年,鲁迅在《"守常全集"题记》中评价李大钊的文章说:"他的理论,在现在看起来,当然未必精当","虽然如此,他的遗文却将永住,因为这是先驱者的遗产,革命史上的丰碑"[1]。这个评价同样也适用于陈望道的《宣言》中译本。陈译本,用今天的眼光看,固然还有这样那样的不足,但在1920年,年仅29岁的陈望道"埋头苦干,把这本书译出来,对中国做了一件好事"(鲁迅语)。陈译《宣言》是近代中国第一个完整的中文译本,在中国近现代史、中共党史上都具有划时代的伟大意义。

1848年,30岁的青年马克思和28岁的青年恩格斯合作完成了划时代的革命文献《共产党宣言》;1920年,29岁的陈望道呕心沥血完成了对这部马克思主义经典文献的中文翻译;2020年,在陈译本首版百年之际,上海教育出版社重印这部红色经典,并将其定位为青年学生的课外读物,其意义已不言自明。

(本文作者系复旦大学马克思主义学院教授。)

---

[1] 鲁迅:《"守常全集"题记》,吴龙辉等整理:《鲁迅全集》第2卷,新疆人民出版社1995年版,第331页。

共产党宣言

〔德〕马格斯　安格尔斯　合著

一九二〇年八月作为社会主义研究小丛书第一种,由社会主义研究社出版,一九二〇年九月二版,一九二六年五月第十七版;一九三八年上海新文化书房再版。此处根据一九二〇年九月版排印。

有一个怪物,在欧洲徘徊着,这怪物就是共产主义。旧欧洲有权力的人都因为要驱除这怪物,加入了神圣同盟。罗马法王,俄国皇帝,梅特涅,基佐(Guizot),法国急进党,德国侦探,都在这里面。

那些在野的政党,有不被在朝的政敌,诬作共产主义的吗?那些在野的政党,对于其他更急进的在野党,对于保守的政党,不都是用共产主义这名词作回骂的套语吗?

由这种事实可以看出两件事:

一、共产主义,已经被全欧洲有权力的人认作一种有权力的东西。

二、共产党员,已经有了时机可以公然在全世界底[1]面前,用自己党底宣言发表自己的意见,目的,趋向,并对抗关于共产主义这怪物底无稽之谈。

为了这缘故,各国共产党员便在伦敦开了个会,草了下列的宣言,用英、法、德、意、佛兰德、丹麦各国底语言,公布于世界。

---

1 底:助词,相当于"的"。本书多处有这种用法。

第一章　有产者及无产者

(有产者就是有财产的人，资本家，财主。原文 Bourgeois

无产者就是没有财产的劳动家。原文 Proletarians)

一切过去社会底历史，都是阶级争斗底历史。

自由民(Freeman)和奴隶(Slave)，贵族(Patrician)和平民(Plebeian)，领主(Lord)和农奴(Serf)，行东(Guild-master)和佣工(Journey-man)，总而言之，就是压迫阶级和被压迫阶级，从古到今，没有不站在反对的地位，继续着明争暗斗。每次争斗底结局，不是社会全体革命的新建设告成，便是交战的两阶级并倒。

我们略看前代的历史，便会晓得无论何处都是组织复杂的社会里分出各种阶级，社会的地位分出各种等级。在古代罗马有贵族，骑士(Knight)，平民，奴隶；在中世纪，有封建领主，家臣(Vassal)，行东，佣工，徒弟(Apprentice)和农奴；这些阶级里，又隶属许多等级。

从封建社会底废址上发生的近代有产社会，也免不了有阶级对抗；不过造出新的阶级，新的压迫手段，新的争斗形式，来代替那旧的罢了。

我们的时代，就是这有产阶级（Bourgeoisie）时代，他的特色就是把阶级对抗弄简单了。社会全体现已渐次分裂成为对垒的两大营寨，互相敌视的两大阶级：这就是有产阶级和无产阶级。

由中世纪底农奴里面，曾发生一种最初都市底特许市民；这些市民，便是有产阶级最初的种子。

嗣后，美洲底发现，好望角底周航，新添给有产阶级一些发展地；东印度和中华底市场，美洲底殖民，殖民地底贸易，交换机关和物品底增多，又都使当时的商业航海业，和制造工业，受一种空前的激刺；因此，那革命种子便在颓废的封建社会里急激的发展了。

在封建时代的工业组织底下，生产事业是由同行组合一手把持的，到了这时，便不能应付新市场上需要底增加了；于是手工工场组织（Manufacturing system）便占了他的地位。各业行东被工场制造家这种中等阶级挤倒；联合的各行组合间底分工，也就让各个工场底分工替代了。

接着市场一天比一天扩大，需要又一天比一天增加；这时手工工场组织，也不能应付了。于是又有蒸汽及大机器出来演了一场生产事业底革命。从此，大规模的"近代产业"，便取了手工工业底地位；豪富的实业家，产业军底总首领，近代的有产阶级，便把产业界的中等阶级降伏了。

近代产业，建设了世界的市场，这世界的市场，引线全在美国底发见。有了这种市场,商业,航业,陆路交通,便成就了绝大的发达;这种发达又转而促进产业底发展。产业,商业,航业,铁路,既这样发达,有产阶级,也照这比例发达,资本愈加增多,将中世纪留下的一切阶级,都尽情推倒了。

从此看来,我们可以晓得近代有产阶级这种东西,全是长期发达和生产及交换方法迭次革命的结果。

有产阶级发达一步,他们政治上的权力,也便跟着发达一步。当初在封建时代,贵族掌权的时候,他们也是个被压迫的阶级;在中世纪的自由都市里,他们便是个武装的自治团体,有的变成独立的共和都市(如德意),有的变成王政治下纳税的"第三阶级团"(如法);到了手工业时代,他们被半封建或专制的君主,用做抵抗贵族底器具,大王国统一底柱石;最后,近代的产业和世界的市场,都成立了,他们就成了有产阶级,那近代代议制度国家底政权,都被他们一手把持;国家底行政机关,只算办理他们公共事务底一个委员会罢了。

从历史上看来,有产阶级也曾有过革命的功劳。

有产阶级得了权势,那封建的,家长的,山林的种种关系,便到处被他们消灭了。结合人和他的"生来的长上"[1](Natural Superiors)的封建的线索,被他们尽情剪断了,人和人中间,除了明目张胆的自利,刻薄寡情的现金主义,再也找不出甚么别的联结关系。宗教的热忱,义侠的血性,儿女的深情,早已在利害计较的冰水中淹死了。人的价值变成了交换价值,无数永久

---

1 此处现译为"天然的首长"。见《马克思恩格斯选集》第1卷第253页。——编者注

特许的自由换了单纯的无理的自由，就是自由贸易。简单说，有产阶级，是由从前戴着宗教和政治的假面的掠夺，更变为赤条条的，没廉耻的，迫切的，残忍的掠夺。

有产阶级，已将有名誉的受人尊敬的职业底荣光毁灭了！无论医生，法律家，僧侣，诗人，科学家，都成了他们的工银劳动者[1]。

有产阶级，已将家庭情爱底面帕扯碎了。家族关系，弄成了单纯的金钱关系。

有产阶级，已明白表示保守派所赞赏的那中世武士底蛮勇行为，他们就是懒惰逸乐，也可以做到的。他们第一次表示人间底活动力是无所不能。他们做成的惊人事业，便是埃及底金字塔，罗马底水道，中世底礼拜堂，也赶不上；他们的长途远征，便是前代一切国民底迁徙和十字军也赶不上。

有产阶级，倘不将生产工具不断的革命，牵动生产关系以及全社会关系跟着革命，那是一定不能存在的。这和前代恰恰相反，前代的一切工业阶级，是须将生产底旧方法，保存不变，才能够存在。所以，生产不断的革命，全社会的状况不断的摇动，不安和不平底继续不断，这就是有产阶级时代，和一切前代不同的标识。古来凝固的，冰结的各种关系，都跟着偏见旧说一扫而去；就是新式事物，也等不到安固，早成废物。凝结的散作烟云，神圣的堕入秽亵。人们至此，也只得怀了冷酷的心情，应付他的遭遇和同类了。

1　此处现译为"雇佣劳动者"。见《马克思恩格斯选集》第 1 卷第 253 页。——编者注

为了生产品增多，必须时常扩张市场，有产阶级，遂布满世界，他们到处密集，到处栖止，到处发生关系。

有产阶级，垄断了世界的市场，于是各国底生产和消费，便都带了世界的性质。无论保守派如何愤恨，但国家的地盘，已受产业革命底影响崩坏了；旧式国民的产业，一切都已经崩坏或正在崩坏，他的地位就被新产业夺去了。这种新产业开始，就是一切文明国民生死关头的大问题。这种产业底原料，现在不专靠国产，尽有国外输来的；这种产业底生产品，不专在国内销售，尽有供给世界各地的。从前的需要，只限于国货就够了；如今却要求国外的生产品。从前只株守一乡一国，如今却也讲求各国国民的交际和互助。便是智识的生产，也已经和物质的一样。各国国民智识的创作，已成了世界的公有物。国民的偏见和狭小的度量，渐渐没有存在的余地。世界的文学，已从许多国民的地方的文学当中兴起了。

有产阶级，既急激的改良了生产机关，又不断的开拓了交通机关，于是一切国民，连极野蛮的，也尽数牵入文明队里。他那价廉物美的射击力，就是中华底城壁，也被他打破了；就是极端排外的顽固的野蛮人，也只得向他降伏。世界各国，因为要免得灭亡，也只得采用资本家的生产方法，将所谓文明输入他们的社会，便也成了有产阶级。简单说，有产阶级按照自己的模形，造成了世界。

有产阶级，压迫乡村使它屈服在都市支配之下；建设许多都市，又将都市增加了比农村更多的人口，使多数人民脱离了朴素的田舍生活。他们既使乡村屈服于都市，又同样使野蛮和

第一章　有产者及无产者

半开化的国民屈服于文明国民，农业国民屈服于资本国民，东洋屈服于西洋。

有产阶级将人口，生产机关，财产底涣散状况渐渐除去：教人口团聚了，生产机关集中了，财产聚在少数人手里了。从此必然生出的结果，便是政治的中央集权。他将各个利害，法律，政府，税则不同的独立区域或勉强团结的区域，团结起来合做一个政府，一样法典，一致利害，一个国境，一样税则的国民。

有产阶级得权不过百年，他造成的生产力，却比开辟以来一切时代生产力底总和还要大。自然力屈伏于人类，机器、工业和农业上的化学应用，轮船，航路，铁道，电报，全大陆底开垦，河流底疏浚，好像用魔力从地下唤起似的全人类——在前代，谁曾想到这样的生产力，居然包含在社会的劳动里面呢？

我们从此可以晓得做有产阶级基础底生产和交换机关，是萌芽在封建社会里面。这种生产和交换机关发展到一定地步，封建社会的生产及交换状况，换句话说，就是农业和手工业底封建的组织，简括些说，就是财产底封建的关系[1]，便不能和那已经发展的生产力适合了。这种关系，便变成了许多障碍物。这种关系，便必要崩坏的，结局果然崩坏了。

于是，自由竞争，便来代替了他们的地位，适合这自由竞争的社会和政治组织，也就跟着出现，有产阶级的经济和政治权力，也就跟着得到了。

同样的运动，又映到我们的眼里了。有他的生产，交换，财

---

[1] 此处现译为"封建的所有制关系"。见《马克思恩格斯选集》第1卷第256页。——编者注

产关系[1]的近代有产阶级社会，就是惹起这般大规模生产和交换的社会，好像术士念咒召来魔鬼，现在却没有镇伏他的能力了。数十年来的工商史，只是近代生产力对于近代生产方法，对于有产阶级的生存和统治权的财产关系谋叛底历史。证明这个事实，只要举出商业上的恐慌就够了；这种恐慌，隔了一定期间，便反复发生，一回凶过一回，常常震动有产阶级社会底全部。在这种恐慌的时候，不但当时现存的生产品大部分破坏，连从前造成的生产力，也要一同破坏。在这种恐慌里面，发生一种古代梦想不到的流行病——就是生产过度的流行病。社会突然现出回到野蛮的景象，仿佛饥馑骤至，又仿佛举世大战衣食全要断绝，一切工商业，现出就要破坏的状况。这是什么缘故呢？这全是文明过度，衣食过度，工业过度，商业过度底缘故。在社会指挥之下的生产力，不能再促进有产阶级财产制度底发达了；而且他的权力太大，无法救正那些制度，他虽然受那些制度的束缚，一旦打破了束缚，他便使有产社会全部扰乱，使财产制度根本动摇。有产阶级社会底制度太过狭小，不能包含那大生产力所产出的财富。那么，有产阶级怎样逃出这种恐慌呢？他不外：一面用强压力毁坏生产力底大部分，一面开辟新市场，并尽量掠夺旧市场。这可以说，是朝着更广大，更凶猛的恐慌方面走去，把防止恐慌的手段抛弃了。

如此，有产阶级颠覆封建制度的武器，现在却向着有产阶

---

[1] 此处现译为"所有制关系"。下同。见《马克思恩格斯选集》第1卷第256页。——编者注

第一章　有产者及无产者

级自身了。

但有产阶级，不但锻炼了致自己死命的武器，还培养了一些使用武器的人——就是近代劳动阶级（Working Class）——就是无产阶级。

无产阶级（就是近代劳动阶级）跟着有产阶级（就是资本）照同一的比例发达了。这劳动阶级，必须有工做才能生活，必须他们的劳力能增加资本才有工做；时时须把身体卖却。他们便是一种货物，和别的商品一样，免不了竞争底盛衰，行情底涨落。

无产阶级底劳动，因为用机器越多，分工越细的缘故，完全失掉了个性，便自然没得兴趣。他们变成了机器底附属品，做的全是些简单的，呆板的，又很容易学会的小技术。因此，产出这种劳动者的费用，限定只够支持劳动者自身和繁殖子孙所必需的衣食费就得了。但是商品底价值，总是跟着产出费涨落的；劳动也是一种商品，自然逃不出这个定理；所以工作越发简单，工资也就越发减少。并且，为了机器和分工越发推广底缘故，便延长劳动时间或增加一定时间内的劳动，或增加机器底速力，使劳动者苦役底负担越发增加。

有了近世产业，那家长式的主人属下底小工场，就变成资本家底大工厂了。工厂里那些劳动者，都组织得和军队一般。他们都已成了产业军底兵卒，压在营长，排长底下动弹不得。他们不但做了有产阶级底奴隶，有产阶级国家底奴隶，并且时时刻刻做了机器，稽查，乃至制造家财主个人底奴隶。这专制主义越发明白宣布营利是他的目的，越发是可贱，可恶，可恨。

近代工业越发达，手工业的技术和腕力渐归无用，男子底劳动越发被女子占去。年龄和男女底差别，在劳动阶级，没有什么社会效果上的分别。他们同是劳动底工具，不过费用一层因着年龄和男女有多寡罢了。

劳动者被制造家掠夺完了，到了用现金付给工资的时候，同时又被有产阶级底别一部分——地主，铺主，当店等等利用了。

中等阶级底下层——小商人，零卖商和歇业的商人，工匠和农夫——这些人，也渐渐沉到无产阶级里了。这原因一半因为他们的小资本够不上营大规模的近世产业，被别的大资本家打灭了，一半因为他们的专门技术，自从有了新生产方法，已不值半文钱。因为这样，社会底各阶级，便不住的补充到无产阶级来了。

无产阶级，也是经过种种时期发达起来的。无产阶级发生的那一日，便是同有产阶级争斗开始的那一日。最初是各个劳动者反抗直接掠夺自己的那资本家；再进一步，就是工厂工人联合反抗；更进一步，便是一个地方同业工人合力反抗。可是他们反抗，并没向着有产阶级的生产方法，只向着一些生产工具攻击；——捣毁同他们劳动竞争的输入品哪，敲碎新式机器哪，焚烧工厂哪，闹的都是这等事情。他们的期望，只是用腕力来回复中世劳动者的故态。

在这时期里，劳动者只在各处结了松懈的团体，内部一有龃龉，便瓦解了。有的地方团结稍为紧密的团体，那又不是他们自动的团结，全是受了有产阶级底利用。当时，有产阶级为了政治上的目的,煽动全国的劳动者,并借重他们的力量。劳动者在这时期里,攻击的并不是自己的敌人,是敌人底敌人;就是专制政体底遗物,地主,产业以外的富豪,小富豪等。所以历史上一切的运动,都是有产阶级的运动;所得的一切胜利,也都是有产阶级的胜利。

可是一方面产业愈加发达,一方面无产阶级不但人数加增,而且渐次集中结成大团体,力量加大,对于自己力量的自觉也愈深了。而且,机器又抹去各种劳动底差别,因此劳动阶级间的利害关系和生活状况,就渐趋一致;工资又几乎到处降到同样低的水平。有产阶级里面,又渐起竞争,商业因此起了恐慌,劳动者底工资,也因此更被动摇。而且,机器不住的进步,使他们的生活刻刻不安;劳动者和资本家个人的冲突,又渐渐带着两阶级间冲突的彩色。于是乎,劳动者就结了团体(劳动联合)去对抗资本家。他们联合底目的,在于维持工资率。因为时时须得对抗,就设了个准备粮食的永久联合。这种对抗既成,便到处发生骚动的事了。

在这等争斗里,劳动者原是时时得了胜利,但这不过是一时的事。那真正的效果,并不在眼前的利益,是在劳动者底团结继续扩大。这种团结,很受了近代产业所造成进步的交道机关许多辅助。因为有了这种交通机关,远方的劳动者也互相接触了。集合同性质的许多地方争斗,团成全国一大阶级的争斗,正有这种接触底需要。但每次阶级争斗,都是政治上的争斗。这种团体,如果教交通不便的中世市民来团结,决非几世纪不行;多谢铁路与人方便,近代的无产者,只消几年便成就了。

　　无产者这样组成一阶级，便自然成了一政党；但因为劳动者和劳动者间不免互相竞争，团体还是时常颠覆的。可是一定复兴起来，越发强，越发坚固，越发有力。后来逢到有产阶级党派分歧的时候，就强求立法机关承认劳动者特殊的利益。像英国底十点钟劳动法案，便是这样成功的。

　　旧社会各种阶级里许多冲突，也为无产阶级底发展开辟了许多坦途。有产阶级自己，常站在战争中间；当初，同贵族战；随后同别的产业进步上利害不同的有产阶级战；又常同外国有产阶级战。在这等战争里，有产阶级不得不鼓动无产阶级，求他的帮助，因此便将无产阶级牵入政治的漩涡中。于是，有产阶级，就将自己的政治教育和普通教育供给无产阶级。换句话说，就是将和有产阶级争斗的武器付给无产阶级了。

　　更进一层说，我们所知道权力阶级为了产业进步的缘故，已经刻刻向无产阶级坠落，至少也已经危殆不安。无产阶级也因此得了智识和进步底新种子。

　　最后就是在阶级争斗要决裂的时期，那权力阶级里面（据实说，旧社会全组织里面）分崩底经过，很带着几分激烈的性质；有一小部分的权力阶级，竟脱离旧关系，投入革命阶级——掌握将来的阶级。从前有一部分贵族投向有产阶级，如今也有一部分有产阶级投向无产阶级，那一部分能够了解这种历史运动有理想的资本家，更是如此。

　　现在和有产阶级对峙的各阶级当中，只有这无产阶级，才算得真正的革命阶级。近世产业虽然能够叫别的一切阶级渐次衰颓，归于消灭；但只有这无产阶级，是他特别的主要的产物。

中等阶级底下层，像小制造家，零卖商，工匠，农夫这些人，原也是同有产阶级争斗，好保持中等阶级的地位；他们的争斗并非革命的，只是保守的。不但保守，他们并且希望把历史的机轮向后退转，简直是复古的。就使他们有时来革命，也是因为觉得自己将要坠入无产阶级的缘故。他们不是防卫现在的地位，只是计较将来的利害，他们才抛掉现在的立脚地，去站在无产阶级的立脚地。

那班"危险阶级"[1]，社会的赘疣，从旧社会最下层淘汰下来，正在腐朽的群众，也往往到处卷入无产阶级的革命运动。但他们的生活状况，很容易做保守党阴谋所收买的器具。

一切旧社会的状况，现已沉没在无产阶级的状况中了。无产阶级，并没有财产；他和他妻子底关系，并没有有产阶级那样家族关系。近世产业的劳动，近世资本底逼迫，英国同法国一样，美国同德国一样，无产阶级都没有丝毫国民的特性存在。法律，道德，宗教，在无产阶级看起来，都是有产阶级底偏见，背后都藏着有产阶级利益的伏兵。

从前一切阶级，一旦得了权势，没有不拼命使社会屈从他们的分配条件，好巩固他们已得的境况。无产者若不将以前的分配方法推翻，便没有做社会生产力底主人翁的日子。因此，从前一切分配方法，是不得不推翻的。他们并没有甚么自己的

---

[1] 此处现译为"流氓无产阶级"。见《马克思恩格斯选集》第 1 卷第 262 页。——编者注

东西要保卫防护；他们的使命，只是破毁从前对于个人财产的一切防护和保险。

古来历史的运动，都是少数人的运动，或是为了少数人利益的运动。无产阶级运动，却与此不同。他是为了大多数人的利益，大多数人自觉的独立的运动。但现在社会最下层的无产阶级，若不把官僚社会压在上层的全部抛出九霄云外，自己是不会翻身上达的。

无产阶级对于有产阶级的争斗，实质上虽然不是这样，形式上最初总是从一国一国的入手。各国底无产阶级，必须首先处置本国底有产阶级。

我们默察无产阶级发展的大势，其初只是一些私斗，末后总是爆发起来，成了公然的革命，推倒有产阶级，筑起无产阶级权力的基础。

向来一切社会底形式，我们都晓得他建筑在压迫阶级和被压迫阶级底对抗上面。但压迫一阶级，至少总还要给它能够维持奴隶生存的条件。在农奴制时代，农奴也还可以变成都市的公民；在封建专制治下，小资产家也还可以变成大绅商。然而近世的劳动者，却完全与此相反；不但不能随着产业同时上进，却是逐渐低下，逐渐沦沉到自己阶级底生存条件以下。他竟变作贫民，于是贫困底发展，比人口和财富还要快。从此，就可晓得，有产阶级已不配再当社会的权力阶级，已不配再强要社会维持他的存在了。他不配做支配者是因为他那种奴隶制，不能保障奴隶底存在，是因为他已经不是为奴隶所养，已经在不得不养奴隶的情况中了。社会已不能在有产阶级底下生存了。

换句话说，有产阶级底存在，已不适合现社会了。

　　有产阶级存在和权力底根本条件，在资本底成立和屯积。资本底要件，在工银劳动[1]，工银劳动，全靠劳动者相互竞争。但有产阶级无意中促进产业的进步，却已使劳动者从竞争的孤立变成协力的团结。近代产业发达，使有产阶级的生产和占有底基础从根破坏了。有产阶级所造成的，首先就是自己的坟墓。有产阶级底倾覆和无产阶级底胜利，都是免不了的事。

---

[1] 此处现译为"雇佣劳动"。下同。见《马克思恩格斯选集》第 1 卷第 263 页。——编者注

第二章 无产者和共产党

共产党,对于无产阶级,究竟站在怎样的地位呢?

共产党,并不是反对别的劳动阶级的党派特别组织。

共产党,并不是离开了无产者全体的利害,还有别的利害的。

他们也不是想树立一种自派的主义,去做无产阶级运动的模范。

共产党和别的劳动阶级各党派不同的地方,只是:(一)各国无产阶级在他们国里争斗的时候,共产党一定脱出一切国家的界限,替无产阶级全体指示共通的利害;(二)劳动阶级对资本阶级的争斗,无论是发达到怎样地步,无论甚么时候,无论甚么地方,共产党代表无产阶级运动全体底利害。

所以共产党在实际一方面,固然是各国劳动阶级中最进步最果决的一派,也就是能够策进别的一切党派的一派;在理论一方面,也是很能了解劳动运动底进路,情势,以及最后的结果,才能够帮助无产者的大团结。

共产党直接的目的,也和别的一切劳动党一样:(一)纠合

第二章　无产者和共产党

无产者团成一个阶级，（二）颠覆有产阶级底权势，（三）无产阶级掌握政权。

共产党学理的结论，决不像一般的社会改良家，拿发明或发见的主义理想作根据。

共产党不过把现在的阶级争斗，就是我们眼前所经过历史的运动中旺盛起来的实际情势，用普通的言语表现出来罢了。废止向来的财产关系，并不是共产主义底特征。

过去的一切财产关系，不断的影响到历史状况底变迁，成了历史变迁底主因。

例如，法国革命，因为拥护资本家的财产[1]，就废止了封建的财产[2]。

共产主义的特征，并不是废止一般的财产，只是废止资本家的财产。现代资本家的私有财产[3]这件东西，就是根据阶级对抗，根据少数掠夺多数人的生产和分配制度底最后极完备的表现。

所以共产党的理论，一言以蔽之，就是：废止私有财产。

我们共产党被人非难的，是希望废止个人的财产权。他们以为财产是各人自己劳动底结果，应该看作一切个人的自由，活动，独立底根据。

1　此处现译为"资产阶级的所有制"。下同。见《马克思恩格斯选集》第 1 卷第 265 页。——编者注
2　此处现译为"封建的所有制"。下同。见《马克思恩格斯选集》第 1 卷第 265 页。——编者注
3　此处现译为"私有制"。下同。见《马克思恩格斯选集》第 1 卷第 265 页。——编者注

勤苦所得的，独力所得的，自己所得的财产！你们所说的是小职工财产，小农夫财产，资本家时代以前财产底制度吗？那就不消废止了；自从大工业发达以来，已将它们破坏了，并且日日还正在破坏中。

那么，你们所说的是现代资本家的私有财产吗？

你们仔细想，现在的工银劳动，能够替劳动者本身造点财产吗？那是丝毫没有的，只替资本家造了些资本；这资本即是掠夺工银劳动的一种财产。也就是要得着新的工银劳动经营，新的掠夺，才得增加的一种财产。所以现在式的财产，他的基础都是根据在资本和工银劳动底对抗上面。试将这对抗底两面检查一下，资本家不单是个人人格，并且占有生产事业上社会的地位。资本却就是生产品底囤积。要善运用他，全靠多数人的共同劳作，最好是靠全社会的人共同劳作。

所以资本不是个人的势力，是社会的势力。

所以资本就是变为公有的财产，变为全社会底财产，个人底财产也不至于因此就变成社会底财产。不过是把财产变成社会的性质，失了阶级的性质罢了。

我们更将工银劳动检查一下，工银劳动底平均价格是最低的工银。换句话说，就是衣食住底费用，就是仅仅维持劳动者身份的生活费。所以工银劳动者劳力所得的，只够维持和繁殖他们贫苦的生命。我们并不是要废止把这个劳动底生产物分配于各个人。我们并不是要废止维持和繁殖这人类生命的分配。我们并不是废止没有余力命令他人劳动的分配。但这分配上悲惨的性质，我们是要扫荡净尽的。使劳动者单为了增加

第二章 无产者和共产党

资本而生活，单为了权力阶级底利益而生活，这种悲惨的性质，是要扫荡净尽的。

在资本家社会里活着的劳动者，不过是增加"屯积的劳动"（资本）的一个工具。在共产社会里，那"屯积的劳动"，却只是使劳动者底生活扩充，丰富，向上的一个工具。所以资本家社会，是过去支配现在；共产社会，是现在支配过去。在资本家社会，资本却是独立而有个性，活人反而成了附属品没有个性。

那些资本家一听见要消灭事物底这种现状，就说这是消灭个性和自由！不错。这的确是以消灭资本家底个性，资本家底独立，资本家底自由为目的。

现代资本家的生产制度里所谓自由，不过是贸易自由，买卖自由。如果买卖消灭，买卖自由也是要消灭的。资本家所说关于买卖自由和一般自由底大议论，如果把他同中世买卖底束缚，商人底束缚对比，或是很有意义；拿他来反对共产党所主张的买卖废止，资本家的生产制度废止，资本阶级本身废止，这就毫无意义了。

你们恐怕我们要废止私有财产，你们现在的社会里，十个人当中就有九人丧失了私有财产；少数人有了私有财产，十分之九的人自然一无所有了。这种财产制度，是要大多数人丝毫没有财产，做它存在底必要条件，你们还要非难我们主张废止它。

简单说罢，你们非难我们，是怕我们主张废止你们的贩产。果真如此，这真是我们所希望的。

一旦到了劳动不能变为资本，货币，地租等独占的社会势力的时候,就是个人的财产不能移作资本家的财产,不能移作资本的时候,你们大概要说个性消灭了。如此,你们应该承认你们所谓"个性"就是资本家这种人,就是中等阶级底财产家。这种人自然非扫荡不可,非消灭不可。

共产主义要剥夺的,不是社会底生产分配权,只是用这种分配方法来压迫别人劳动的权力。

反对废止私有财产的人又会说,废止了私有财产,一切事业就要停顿,普天下人都要变成懒惰。

照这样说来,现在资本家社会,早应该为了懒惰而零落了。因为现在社会里,劳动的人却丝毫得不着甚么,得着一切的反而是不劳动的人。所以这个驳论,不过是这样一句话:"一旦没有甚么资本,就不会有甚么工银劳动了。"

非难共产主义物质上生产及分配方法的人,又用同样笔调,来攻击共产主义智识上生产及分配方法。在资本家看来,正如阶级的财产消灭,就是生产本身消灭;阶级的教育消灭,也就是一切教育消灭。

像他们这样恐怕丧失的教育,在大多数人不过是一种机械动作的练习罢了。

你们把那关于自由,教育,法律,等等资本家的解释作标准,来攻击我们主张废止资本家的财产,是没有用的。你们想一下罢,你们的思想本身,不过是你们资本家的生产状况和资本家的财产状况底产物。正如你们的法理,也不过将你们阶级的意志定为普天下底法律。这种意志底本质和倾向,也就是跟着你们阶级所以存在的经济条件决定的。

第二章 无产者和共产党

你们想把你们的生产方法和财产制度所造成的社会组织——就是随着生产进步而兴亡的历史关系——作为自然和真理永远不变的法则，这全是你们利己的谬想。前代的权力阶级，也都有过这种谬想。你所明明见过古代财产制度的事物，你所承认封建财产制的事物，都被你们资本家的财产制度废除了。

废止家族制度！就是最急进的人，也以为是共产党不名誉主张，非常愤激。

但是请看现在的家族制，资本家的家族制，到底有甚么根据？不过是资本，不过是私利，这种家族制完全发达的形式，只在有产阶级里面才见得着。成全这种事情的要件，一是无产者家族实行消灭，二是公娼。

这些要件如果消灭，资本家的家族制，当然也要消灭；并且两样都要同资本一齐消灭。

我们还要禁止父母掠夺儿女。你们以我们为罪犯吗？好，我们甘心作罪犯！

我们如果废去家庭教育，建设社会教育，你们总以为破坏了最神圣的关系。

你们的教育，不也是社会的教育吗？那教育底方针，不是根据社会的状况而定的吗？社会不是已经借了学校和其他方法施展他直接或间接的干涉吗？社会干涉教育，并不是共产党发明的；他们不过要改变干涉底性质，使教育脱离权力阶级底势力。

因为近世产业发达底结果，把一切无产者的家族关系撕得寸断；他那儿女变成了简单的商品，变成了劳动底器具；那些资本家却口口声声讲甚么家族，甚么教育，甚么亲子间神圣的关系，来沽名钓誉，我们越发觉得可恶。

于是乎，有产阶级底全体就会齐声喊道：你们共产党不是要创设妇女共有制了！

有产阶级原来把他的妻只当作一个生产器具。他们总听说过生产器具是可以公用的，所以即使断定妇女和别的生产器具同样，免不了公有的运命，也不是十分无理的事。

但是共产党真正目的，是想把妇女当作一个生产器具底状况扫除净尽，这一点他们却不曾想到。

我们资本家先生，诬陷共产党公然创设妇女共有制，而且大发义愤，这是很可笑的事。妇女共有制无需共产党创设，已经从最古的时代就有的了。

我们资本家先生，对于普通娼妓不消说了，就是奸了他势力底下无产阶级底妻女还不满足，还要互相拐诱别人底妻，去满足他们最大的快乐。

不错！现在有产阶级的结婚，实在是妇人共有制度。那么，共产党即使照他们所说的一样，主张妇女共有，也不过是将隐在伪善里面的妇女共有制，变成公然合法的妇女共有制罢了。总之，现在的生产制度废止了，从这种制度产出的妇女共有像公娼私娼等就消灭了。

共产党更被人非难的，就是希望废弃国家和国粹。

劳动者并没有国家。我们不能将他们原来没有的东西，从新去掉。劳动阶级第一步事业，就是必须握得政权，就是必须

第二章　无产者和共产党

起来做国民底主要阶级，就是必须以自己组织一个国民。由这点看来，劳动者是国民的；但和资本家所谓国民，意义却是不同。

国民的差别和人民间的对抗，自从有了有产阶级发达、通商自由，世界的市场，生产方法和生活状况统一等，就一天一天的消灭下去了。

劳动阶级如果握得政权，那些东西都要消灭得更快。因为各国（至少文明先进国）底联合政策，是劳动阶级解放底一种首要条件。

个人掠夺个人的事没有了，那国民掠夺国民的事也就没有了。一国里阶级对抗没有了，这一个国民和那一个国民底冤仇也会没有了。

至于宗教，哲学，及一般理想家，非难共产主义的话，是不值得严密讨论。

人底理想，意见，观念，简单说，就是人底自觉[1]这件东西，跟着物质的生活状态，社会的关系和社会的生活变化而改变，岂不是什么人都晓得的吗？

古来思想底历史所可证明的，不都是智识的生产随着物质的生产变化吗？支配各时代的思想，总就是那时代权力阶级底思想。

有些人在那里讲改造社会的思想。他们所说的，不过是在旧社会中怎样创出新思想，旧式生活状况崩坏怎样酿成旧思想

1　此处"自觉"现译为"意识"。下同。见《马克思恩格斯选集》第 1 卷第 270 页。——编者注

崩坏等事实罢了。

　　古代的世界灭亡时，古代的宗教就被基督教征服了。十八世纪基督教思想受合理的思想压迫时，封建社会正和当时革命的有产阶级决战。所谓信仰自由，思想自由，不过是知识阶级自由竞争的势力罢了。

　　或者有人说"宗教的，道德的，哲学的及法律的思想，在历史发展的路上固然有种种变化；但宗教，道德，哲学，政治，法律，仍然遗留在这变化中间。"

　　或者又有人说"并且，自由，正义这些东西，是恒久的真理不随社会状态变迁的。然而共产主义却是排斥那恒久的真理，不是把宗教，道德，建设在新的基础上，是排斥一切宗教，一切道德。所以共产主义，和过去历史上的一切经验不能相容。"

　　这种诘难，不是他自己表白自己不合理吗？一切社会过去的历史，是在阶级对抗底发展中成立的；一时代有一时代的争斗形式，形式虽然不同，但各时代都有一件共通的事实。这事实就是社会的这一部份掠夺那一部份。所以过去各时代社会的自觉，他那表现虽有种种的形式，却不外一个共通的形式（即概念），这是不足为怪。那形式（即概念），在阶级对抗没有完全消灭的期内，不能全然消失，也是不足为怪。

　　共产党的革命，是祖宗传下来的财产关系上最急激的破裂。所以他的发展，也当然酿成祖宗传下来的思想上最急激的变化。

　　但是我们现在不愿意和反对共产主义的有产者辩论了。

　　我们前面已经说过，劳动阶级的革命，第一步是在使他们跑上权力阶级的地位，也就是民主主义底战胜。

既达到第一步，劳动家[1]就用他的政权渐次夺取资本阶级的一切资本，将一切生产工具，集中在国家底手里，就是集中在组织权力阶级的劳动者手里；这样做去，那全生产力就可以用最大的速度增加了。起初的时候，少不得要用强迫的攻击手段对付私有财产权和资本家的生产方法，才得达到目的。这种手段，从经济方面看去，似乎不充足而且薄弱，但运动继续下去，必能强盛起来，对于旧社会组织再加以一大打击，结果就成了生产方法革命不可避的手段。

这种手段，应该看各国情形定夺。

最进步的各国，大概可以用下列各项设施：

（一）废止土地私有权将所有的地租用在公共的事业上。

（二）征收严重累进率的所得税。

（三）废止一切继承权。

（四）没收移民[2]及叛徒底财产。

（五）用国家资本，设立完全独占的国民银行，将信用机关集中在国家手里。

（六）交通及运输机关，集中在国家手里。

（七）扩张国有工场及国有生产机关；开辟荒地，改良一般土地使适于共通计划。

（八）各人对于劳动有平等的义务。设立产业（尤其是农

1　此处现译为"无产阶级"。见《马克思恩格斯选集》第1卷第272页。——编者注
2　"移民"现译为"流亡分子"。见《马克思恩格斯选集》第1卷第272页。——编者注

业)军。

（九）连络农业和制造工业；平均分配全国底人口,渐次去掉都会和地方的差别。

（十）设立公立学校,对于一切儿童施以免费的教育。废止现行儿童底工场劳动。连络教育和产业的生产等等。

这样渐次发展下去,阶级的差别自然消灭,一切的生产自然集在全国民大联合底手中；公的权力就失了政治的性质。原来政权这样东西,不过是这一个阶级压迫那一个阶级一种有组织的权力。劳动者和资本阶级战斗的时候,迫于情势,自己不能不组成一个阶级,而且不能不用革命的手段去占领权力阶级的地位,用那权力去破坏旧的生产方法；但是同时阶级对抗的理由和一切阶级本身,也是应该扫除的,因此劳动阶级本身底权势也是要去掉的。

总之：我们要废去阶级对抗和阶级所组成的旧式资本家社会,换上各个人都能够自由发达,全体才能够自由发达的协同社会。

第三章　社会主义及共产主义的著作

一　复古的社会主义
(Reactionary Socialism)

（甲）封建的社会主义(Feudal Socialism)

英法底贵族，为了他们历史的地位关系，曾做出几多小册子反对近代有产社会。一八三〇年七月法国革命和英国改革运动的时候，这些贵族再为那可厌的暴发户所屈服，从此就不能有严重的政治上竞争，只能在文字上争斗了。就是文字上的争斗，也不能有复古时代（就是一八一四年至一八三〇年间法国复古时代）那样高的声浪了。

那些贵族，因为想得世间底同情，面子上装出忘记了自家利害的样子，替被掠夺的劳动阶级向资本家声罪致讨。他们对于那些新主人翁唱了些讥讽的歌，发了些将来必然破裂的预言，其实都是替他们自己复仇。

封建的社会主义，就是这样起来的。一半是悲哀，一半是讥讽；一半是过去底反响，一半是将来底威吓；虽然有时用痛快锐利的批评，刺击资本家底心胸，但全然缺乏了解近世史前进的能力，结果总不免滑稽。

那班贵族想人民再归附他们，就用救济无产者这名义做军旗。但人民和他们常常接近，便看出他们里面还穿着封建的武装，都呵呵大笑地散去了。

法国底王党（French Legitimists）和"青年英国"（Young England）都是好的例。

封建党指出他们掠夺底方法和资本家不同，他们忘记了他们掠夺时候底情势和现在全然不同，已经成了废物。他们又以为他们治世的时候，没有近代这样无产贫民；他们忘记了近世资本阶级是他们自己社会组织必然的产生物。

此外他们批评资本家，并不隐藏复古的性质；他们对于资本阶级主要的责备，就是：资本阶级统治之下，正在造出一阶级，这阶级定要连根带叶扫荡社会上旧的秩序。

他们责备资本阶级，并不一定是因为他造出无产阶级，不过因为他造出革命的无产阶级。所以他们在政治上的行动，常常赞成对于劳动阶级的压迫政策；他们日常的生活，也和他们平日说的大话相反，他们专想拾产业树上落下的黄金果，他们专想假借真理，爱，和名誉，去换那毛，糖，和马铃薯的酒精。

宗教的社会主义（Clerical Socialism）如同僧侣和地主携手一样常常和封建的社会主义结伴。

基督教底禁欲主义，原来最容易加上社会主义的彩色。基督教不是反对私有财产，反对婚姻，反对国家吗？不是提倡拿慈善和贫困,独身主义和肉底灭绝,出家生活和"母教会"来代替吗?基督教社会主义,只是僧侣清理贵族心火的圣水。

(乙)小资本家社会主义(Petty Bourgeois Socialism)

被资本阶级剿灭了的,并不只封建的贵族阶级;生存状况在近代资本社会底空气中腐朽灭亡的,并不只封建的贵族阶级。在近世资本阶级发生以前,还有中世的市民(Burgesses)和小地主;这两阶级在工商业不很发达的各国,现在还是同新起来的资产阶级并立。

在近世文明十分发达的各国,又有一种小资本家的新阶级,辗转于劳动者和资本阶级之间,常常新陈代谢下去成了资本阶级底附属分子。但是这个阶级底个人,常常因为竞争的缘故,陷落到无产者里面去了;而且,近世产业越发达,他们越失去近代社会上独立的地位,渐渐成了制造业,农业,商业的管理人,经理,事务员。

像法兰西那样农民占全人口过半数的国里,偏袒劳动者反对资本阶级的文人,自然拿农民和小资本家作标准去批评资本阶级的统治,自然从他们中间阶级的立脚点极力来拥护劳动阶级。小资本家社会主义于是就出现了。西斯蒙地(Sismondi)便是英法两国里这派的首领。

这派社会主义,把近世生产状况中许多矛盾的地方分析得非常精密。他们把经济学者所造伪善的辩解驳斥得非常明显。他们把机器和分工所产出的恶结果,像资本和土地集中在少数人手里,生产过度和恐慌等事,论证得非常有力。他们把小资本家和农民底必然零落，无产者底悲惨，生产界底无政府状态，财富底分配不平等，国家间相角逐的产业战争，旧道德旧家庭关系旧国粹底崩颓，都明白指示出来了。

但是这一派的社会主义，他积极的目的是想把生产交换底旧方法和旧的财产关系，旧的社会状况恢复转去；不然，就是想把近世的生产及交换方法，装到旧的财产关系底壳子（实在已经被新方法破裂了，或是将要破裂的壳子）里去。这两样都是复古的，空想的。

他们的结论是：制造业该有同行组合（Guild），农业该有家长的关系。

但是，历史上强固的事实，早已把他们自欺的醉梦打消，这派社会主义，也就到了悲惨的末日。

（丙）"真"社会主义（German or "true" Socialism）

法国社会主义及共产主义底著作，原来发生在有权力的资本阶级压迫底下，反抗这种权力的表现，不久就输入德国去了。输入德国的时候，恰是资本阶级和封建的专制主义开始争斗。

德国底学者先生，非常热心得到这种著作；但是他们却忘记了法国底社会状态不曾同这些著作一同移来。所以这些法国底著作，对于德国底社会状况，全然失了眼前实行的意义，成了纯粹文学的景况。在十八世纪的德国学者看来，以为法国第一次革命底要求，不过是一般"普通的道理"底要求。革命的法国资本阶级底意志表示，在他们看来，也不过是纯粹意志底表现，就是意志自然的发动，就是一般人情底显露。所以德国学者底著作,都是专门拿法国新的思想和本国古代哲学思想相调和。或者更可以说是结合法国底思想却不抛弃自家哲学的见地。

这种结合底方法,和翻译外国语差不多。

中世纪那些僧侣,根据古代异教底典籍,作了加特力(Catholic)[1]各圣僧底传记,这是人人都晓得的。德国底学者,对于法国底著作,也是用这种方法。他们在法国底著作上面,附了些自己无意识的哲学论。譬如,在法国评论货币底经济的作用上面,他们加上些"人情离散"[2]的议论;在法国评论资本阶级国家上面,他们加上些"将校部属底废止"[3]的议论,等类。在法兰西历史的评论上面,他们加上些"行为底哲学""真社会主义""社会主义底德国科学""社会主义底哲学的基础"等称号。诸如此类,不一而足。

于是,法国社会主义及共产主义底著作,就全然失了精义了。并且阶级争斗底意义从此在德国人手中抹去,他们还自己以为免了法国人的偏见;他们自以为不单是代表真实底要求,还是代表真理底要求;他们自以为不是代表无产阶级利害的,是代表人类本性底利害,就是代表全人类利害的;这种人既不属于何种阶级,算不得实际的存在,只有哲学空想的云雾中是他存在的地方。

1　"加特力"(Catholic)即"天主教"的音译。——编者注
2　此处现译为"人的本质的外化"。见《马克思恩格斯选集》第1卷第277页。——编者注
3　此处现译为"抽象普遍物的统治的废除"。见《马克思恩格斯选集》第1卷第227页。——编者注

德国底社会主义，虽然弄过这样庄严的儿戏，说过卖药的大话来遮掩他资本缺乏，不久便渐次失了那卖弄学问的稚气。

德国（尤其是普鲁士）底资本阶级对于封建贵族和专制王政的战争，换句话说，就是自由主义运动，渐渐逼紧来了。

于是乎，所谓"真"社会主义，就得了多年希望的机会，这希望就是拿社会主义的要求，去对抗政治运动：对于自由主义，对于代议政体的政府，对于资本阶级[1]的竞争，对于资本阶级的言论自由，对于资本阶级的立法，对于资本阶级的自由平等，一切都得了诅咒的机会了；也得了机会对民众说替资本阶级运动毫无所得，只有所失。德国底社会主义，在这危急的时候，忘记了法国评论家所预想的近世资本社会存在以及跟随的经济状况和政治组织；这些正是德国人现在才争求的，法国人早已得到了。

所以专制政府和附属的僧官教授，地方贵族，官吏，都以为这种社会主义，是对待资本阶级来攻时最有用处的草把人。刚刚在德国政府对于劳动阶级底蜂起投过些鞭挞和弹丸的苦丸药之后，这个社会主义，算是改胃口的甜东西。

这"真"社会主义，一面这样做了替政府战斗资本阶级的武器，同时又直接代表德国中等阶级复古的利益。在德国这小资本阶级，是十六世纪的遗物，时时转变他的形式，作社会现状底真基础。保存这个阶级，就是保存德国底现状。但是资本阶级在产业上和政治上的权力，一面集中资本，一面又有革命的无

---

[1] "资本阶级"即"资产阶级"。下同。——编者注

产阶级起来,都是足以破坏这个阶级的。这"真"社会主义便要一箭射杀双雕了。于是就像瘟疫似的蔓延起来。

德国社会主义是将他们可怜的"永久真理"底全身,裹在用华丽辞令文饰的,用浓情露水浸染的,空想的绸衣里面,如此他们的货物自然是销售很广了。

后来德国社会主义,渐渐认识了自己的职分,那代表中等小资本阶级底声浪渐渐高起来了。

他们以德国国民为模范国民,以德国小资本家为模范人。对于这种模范人卑鄙龌龊的行为,都加上了和他真相完全相反神秘伟大的社会主义的解释。他们又极力反对共产主义底"残酷的破坏"性,把自己放在至高无上公正不偏的地位,轻视一切的阶级争斗。现在(一八四七年)德国流行的所谓社会主义和共产主义底出版物,除了极少数以外,大约都是这种又浅陋又薄弱的著作。

二　保守的社会主义(资本家社会主义)
(Conservative or Bourgeois Socialism)

一部分资本阶级的人,想把社会的罪恶救正一些,好叫资本家社会维持下去。

经济家,博爱家,人道家,劳动阶级状况改良家,慈善事业家,保护动物会员,禁酒会员,以及其余一切无聊的改良家,都属于这一派。这样的社会主义,更进一步就成了一派学说。

蒲鲁东(Proudhon)底《贫困底哲学》(*Philosophie de la Misère*)就是这样社会主义底一个例。

社会主义的资本家，他们想取得近世社会状况产出的一切利益，却不受那状况必然产出的争斗和危险。他们希望从社会现状中拨去革命的离析的分子。他们想造出没有劳动阶级的资本家阶级。资本家阶级当然以为世界上地位最高的就最善的。资本家社会主义，用这种方法使思想渐渐发展，就多少成了一些学说。他们要求劳动阶级信奉这种学说，好进到那社会的新圣地，其实不过要求劳动阶级甘心受现社会底束缚，抛弃一切憎恶资本阶级的念头罢了。

比这种社会主义格外实际而且更无系统的第二种资本家社会主义，他们要叫劳动者眼中轻视一切革命运动，所以说由经济关系产出的物质现状若不变化，政治的改革是无济于事。但是这派所谓物质现状底变化，并不是废除资本阶级生产关系的意义；废除这种关系，一定免不了要革命，所以他们只想在这种关系继续存在的基础上面，施行行政的改革。这样的改革对于资本和劳动底关系，毫不过问，至多不过把有产阶级政府底行政事务改简单些，费用减少些罢了。

资本家社会主义，只能在语言底形式上有相当的意义。

为劳动阶级利益计，讲自由贸易。为劳动阶级利益计，讲保护税。为劳动阶级利益计，讲监狱改良。这是资本家社会主义最后的语言，亦是唯一真实的语言。总括说起来，就是这么一句话：

资本阶级，是为了劳动阶级底利益才做资本阶级。

三 批评的空想社会主义和共产主义
(Critical-Utopian Socialism and Communism)

我们现在并不是想批评一切近世大革命时援助劳动阶级底著作:像巴布夫(Babe uf)及其余人底书。

劳动阶级为达他目的的第一直接计划,发生在封建社会将要颠覆,到处正在扰乱的时候,这些计划遭了必然的失败,一是因为劳动阶级还没有十分发达;一是因为使他们解放的经济状况,还没有出现;那种经济状况,是在迫切的资本阶级时代才发生的。所以这种劳动阶级最初运动的革命著作,自然带着复古的性质;内容是些普通的禁欲主义和粗疏的社会均衡论。

社会主义和共产主义的学说就是圣西门(St. Simon),福利耶(Fourier),阿温(Owen)等人底学说,像前面曾说过,这都是在资本阶级和劳动阶级争斗还没有发达的时代发生的。(参照第一章)

创立这些学说的人,在当时的社会组织中,的确看见了阶级对抗的状况和离析分子的活动。但是那时的劳动阶级还是十分幼稚,映到他们眼里的,不过是一个没有历史的基础,没有独立政治运动的阶级罢了。

后来阶级对抗,虽然和产业同时发达,按经济的形势,在他们看来,物质上的状况还没有到可以解放劳动阶级的地步。于是他们想找出新的社会科学,新的社会法律,好造出这种状况。

这些发明家以为历史行动是要照他们自己所发明的行动;历史造成的解放条件,是要照他们空想的条件;劳动者渐次自发的阶级组织，是要照他们特别创造的社会组织。将来的历史是自然解决的，在他们看来，是要照他们的社会计划底宣传和实行来解决。他们的计划，为主的是劳动阶级底利益，因为他是最苦的阶级。劳动阶级能够在他们的眼中存在的，只由于是最苦的阶级这一点。

这种社会主义家，因为阶级争斗幼稚的状态及他们自己环境的缘故，把自己放在一切阶级对抗的上面很高很高的位置。他们想改善社会上每个人底境遇，就是最有幸福的他们也想加以改善。所以他们的说话，总是对于社会全体，不分阶级——而且往往是对统治阶级说的。他们以为如果懂了他们的学说，如何不采用那最善状况的最善计划呢？

因此他们排斥一切政治的尤其是革命的行动。他们想用和平手段达到他们的目的，想用小小小的实验（其实是一定失败的实验）而且由这个例证底力量，为新社会的福音开辟道路。

这种将来社会空想的图案，恰和劳动阶级极幼稚时，单用空想描出自己的地位相同；也就和劳动阶级第一本能所渴望的社会全体改造相同。

但是这些社会主义及共产主义的出版物，也不是没有批评的分子在内。他们攻击那时社会上一切的主义。他们对于开发劳动阶级的教育，有一些很有价值的材料。他们提出实际的方案，例如废止都会和乡村底区别，废止家族制度，废止私人经营产业，废止工银制度，主张社会调和，主张变更国家底职务单是监督生产事业等，这些提案，都是消灭阶级对抗的。但是在那个时候，阶级对抗才开始发生，所以这些著作，不能有明白的

第三章　社会主义及共产主义的著作

确定的认识，所以这些提案，不能不说是纯粹空想的性质。

所以这种批评的空想社会主义及共产主义，是和历史的发展相背驰的。近世阶级争斗一发达到一定的状态，那离开了争斗空想的立脚地及对于争斗所发空想的攻击，就完全失了实际的价值和理论的根据。所以创立这些学说的人，在许多地方虽然是革命的，他们的门徒却只是复古一派。他们死守师说，反对无产阶级进步的历史发展。所以他们总是坚持要和缓阶级争斗，调和阶级对抗。他们还在梦想那社会空想底试验实现：有的设立孤独的"社会主义殖民地"（Phalansteries 是福利耶计划的），有的设立"家庭殖民地"（Home Colonies），有的想设立"小伊加利亚"（Icaria 是加伯理想乡底名称）。加增许多新的圣地，实现这些空中楼阁，他们不得不哀求资本阶级的同情和金钱。所以他们渐渐地沉灭到前面所说复古的保守社会主义里面去了；所不同的，只稍有组织的学理和相信社会科学上神奇效果的迷信，狂热罢了。

所以他们极力反对劳动阶级一切政治的行动，以为这种行动都是从不知道信仰那新福音来的。

所以英国底阿温派反对改进党（Chartist），法国底福利耶派反对社会改良家（Reformist）。

第四章 共产党和在野各党底关系

共产党和英国改进党，美国农地改良党（Agrarian Reformers）等劳动阶级各党派的关系，已在前章说过了。共产党为直接的目的战，为劳动阶级眼前的利益战。在这现在的运动中，也不忘记代表及留意将来的运动。

在法国，共产党是和社会民主党联合，和保守党及急进的资本阶级对抗。但对于社会民主党那些从大革命得来的谬见谬想，仍然要用批评的态度对付他。

在瑞士，共产党是帮助急进党的。但也注意到这党是由法国式的民主社会主义者和急进的资本家两种反对的分子结合起来的。

在波兰，共产党是帮助那用土地革命来做国民解放主要条件的党派。一八四六年这党在克拉葛（Cracow）曾发动叛乱。

在德国，对于资本阶级有革命的行动时，共产党是和他联合起来同专制的王政、封建的地主及小资本阶级战争。但一刻也不曾忘记使劳动阶级明白感觉有产者和无产者敌意的对抗。必使劳动者准备利用资本阶级掌权时必然造成的社会及政治

第四章 共产党和在野各党底关系

状况,来做对抗资本阶级的武器。也就是准备德国保守阶级一旦灭亡,就立刻和资本阶级本身开战。

德国是共产党所最注意的。因为这国里有产阶级革命底机运正在成熟了;因为这国底革命,是在欧洲文明更进步的状态之下实行的,比十七世纪的英国,十八世纪的法国无产阶级更加发达的多;而且因为德国有产阶级的革命,即时会引起无产阶级的革命。

总之:共产党无论在什么地方,对于各种反抗社会及政治现状的革命运动,一概援助。

这些运动,总是拿财产问题作主要问题,什么时代进步的程度够不够,一概不问。

最后,就是到处尽力为万国民治党谋统一及团结。

共产党最鄙薄隐秘自己的主义和政见。所以我们公然宣言道:要达到我们的目的,只有打破一切现社会的状况,叫那班权力阶级在共产的革命面前发抖呵!无产阶级所失的不过是他们的锁链,得到的是全世界。

万国劳动者团结起来呵!(Workingmen of all Countries unite!)

附录一

陈望道生平事略

陈光磊

陈望道，原名明融（单名融），字参一、任重，笔名有佛突、晓风、雪帆、张华等。1891年1月，出生于浙江义乌；1977年10月，病逝于上海。他一生追求民主、科学、进步，是我国新文化运动的倡行者，青年时代就从事译介域外革命思想和文化学术的活动。1920年8月，翻译出版了《共产党宣言》的第一个中文本，同时参加中国共产党的创建活动。陈望道毕生从事学术研究和教育活动，为发展教育事业、致力学术创新、培养国家人才，倾注了满腔心血。陈望道在中国现代的革命史、学术史、教育史上功业长存，英名留芳。

一、走出乡关　留学东瀛

陈望道出生在浙江义乌分水塘的一户农耕之家。他"从六岁起一直到十六岁,就在村上私塾里跟随张老先生攻读'四书五经'等传统书籍,并从人学习拳术,课余并参加各项田间劳动"。(《陈望道自述》,下简称《自述》)他聪慧勤奋,学业、拳术都名列前茅。

陈望道出生的年代,正值国家衰败遭帝国主义列强宰割,陷入了半封建半殖民地的社会。时代的风云,激励了少年陈望道的强国兴邦之志。于是,他渴望能学得新知、练就本领,就于十六岁那年离开山村到义乌县城绣湖书院求学。而他总感到自己知识不足,于是在十八岁之年又离乡考入金华中学(浙江省第七中学)就读。陈望道"当时有兴实业,重科学,希望国家富强的思想"。(《自述》)正是这种"实业救国"的思想激励了他在金华中学发奋学习新知,并获得优异的成绩;又是这种思想驱使他想赴欧美留学,去学习先进的现代科学技术。这样,他在金华中学读了四年就肄业而到上海补习了一年英语,而后又进浙江之江大学攻读英语和数学,努力为赴欧美留学作学业上的准备。但是,为当时一些条件所限,陈望道没能去成欧美,他便决定就近去日本留学。

1915年初,陈望道到达日本东京,先在"日华同人共立东亚高等预备学校"修习日语。而后于1916年9月至1917年5月在早稻田大学读法科,1917年9月至1918年3月在东洋大学印度哲学伦理学科就读;同时,还在东京物理夜校攻读数理课程。1919年7月,毕业于日本中央大学法科(第34届),获法学士学位。

留学期间,陈望道发奋攻读,修习多种学科。起初,从自然科学到社会科学无不涉猎,后来才逐渐转向社会科学。这可能与他"非常关心当时的政治"(《自述》)有关。当时,他积极参加中国留日学生的爱国运动,声讨和反对袁世凯策划复辟帝制、接受日本提出的灭亡中国的"二十一条"条约的卖国行径。同时,他也很关心世界大势。

1917年,俄国十月革命的爆发震撼了世界,对日本也影响很大。日本有一些学者就进行马克思学说的翻译、介绍,传播社会主义思想。此时,陈望道结识了日本著名学者河上肇(京都大学教授、早稻田大学兼职教授)和山川均(社会活动家,从事编辑出版)等人,很爱读他们翻译介绍马克思主义的论著,并在新思潮的影响下"同他们一起积极展开十月革命的宣传和马列主义的传播活动,热烈向往十月革命的道路"。(《自述》)就这样,陈望道开始接受马克思主义的学说及其革命思想。

二、传播经典　参与建党

受"五四"运动的感召,陈望道从日本中央大学毕业后,即于1919年7月回国返乡,受聘于浙江省第一师范学校,任国文教员。浙一师是当时浙江地方最具盛名的一所高等学府。陈望道和刘大白、夏丏尊、李次九等四位教员进行国文教学改革:国语科,一律改用白话文教授;传授注音字母,以利普及白话;选用鲁迅《狂人日记》等为白话文教材。他们主张学生自治,支持和参加青年学生创办宣扬新思潮的刊物。这种革新行动,即遭受反动当局的打击,他们要撤职查办陈望道等进步教员,引起了学校师生的对抗,以至1920年3月当局派军警进行镇压,激起震惊全国的浙一师风潮。浙一师的斗争,得到全国各界的声援和支持而取得了胜利。不过,他还是离开了浙一师。

就在此时,陈望道接到上海《星期评论》社信函,约请他翻译《共产党宣言》在该刊连载,并为他提供了日文版和英文版两种文本。于是,他回到家乡——浙江义乌分水塘村着手翻译。经过夜以继日地努力,终于在1920年4月下旬完成了全书的翻译。同时,《星期评论》社又电报特请他赴任该刊编辑。陈望道到了上海,但《星期评论》社突然遭当局查禁。于是,他就应陈独秀之请任《新青年》杂志编辑。

1920年5月,陈望道与陈独秀、李达、李汉俊等人经常在一起讨论社会主义和中国社会改造的问题,并酝酿建立中国共产党。1920年6月,陈独秀等人成立上海共产党早期组织,这是中国第一个共产党早期组织。1920年8月,陈译《共产党宣言》由上海社会主义研究社以"社会主义研究小丛书第一种"首印出版,在文化思想界引起热烈反响,初版1 000册,旋即售罄,于9月重版。这是传播到中国的第一部马克思主义的经典著作。

上海共产党早期组织实际上担负起了成立中国共产党的发起组和筹备组的任务。陈望道作为党的发起组成员之一,在党的创建活动中发挥了积极作用。他参与和主持把《新青年》杂志改组为共产党早期组织的机关刊物;又翻译了《空想的和科学的社会主义》一书及《马克思底唯物史观》《唯物史观底解释》等文章,传播马克思主义;他对梁启超、张东荪等人攻击马克思主义、鼓吹基尔特社会主义的言论进行批判;他参与《劳动界》(工人周刊,1920年8月15日始)和《共产党》月刊(1920年11月始)的创刊——这些工作同翻译《共产党宣言》一样,都是为建党做了思想理论上的一种准备。同时，他又负责组织工人运动，1920年11月、12月直接参与筹建上海机器工会、印刷工会和纺织、邮电工会，到沪西工人区宣讲劳工神圣和劳工融合；同时，翻译了这方面的文章；他参与社会主义青年团的筹建并为负责人之一；他参与上海外国语学社（共产主义干部学校）的教学活动——这些活动都是为建党作群众宣传和干部培养的一种准备。所以，党史学界称他为中国共产党的重要创建人之一。

中共"一大"以后，陈望道被任命为中共上海地方委员会书记。后因对陈独秀作风的不满而辞职，并脱离党组织。但他的革命志向和对马克思主义的信仰终身未变。

三、情系教苑　作育人才

陈望道一生从事教育工作。他历任复旦大学、上海大学、国立武昌中山大学（武汉大学前身）、中华艺术大学、安徽大学、广西大学等校教授；在复旦任教最久，近50年。

1920年9月，应聘到复旦大学任教，曾兼任复旦实验中学主任。因保护进步学生受国民党当局迫害，于1931年2月离校，从事著述。

1923年8月至1927年4月，他兼任于上海大学——当时国共两党合作创办的革命学校。陈望道任中文系主任及学校最高议事和行政机构评议会评议员等职；1925年"五卅"运动时，他临危受命，接任教务长和代理校务主任之职。1927年"四一二"事变，上大遭封闭。上海大学为中国共产党培养了不少领导干部。所以,在1949年第一次文代会上,周恩来总理对他说:"陈望道先生,我们都是你们教育出来的!"

1929年,出任地下党所办中华艺术大学校长。1933年秋至1934年春,应邀到安徽大学讲"普罗文学"。

1935年8月赴广西任桂林师范大学专科学校中文科主任;1936年该校并入广西大学,他继续为中文科主任。

1937年全面抗战爆发,陈望道回上海即在"社会科学讲习所"(抗日救亡组织所办的夜大学,有"上海的抗大"之誉)讲授"中国文艺思潮"和"中国语文概论"两门课,为当时难民扫盲和语文改革培养了一批师资和人才。

1940年秋至1941年春,陈望道辗转香港到达大后方重庆,重返阔别多年的复旦教坛。1942年他出任新闻系主任,还亲自募捐建立"新闻馆",成为学以致用的新闻教学设施。他早于1924年就在复旦中文系开设"新闻学讲座",1926年扩展为"新闻学组",1929年促成建立了新闻系。他是我国现代新闻教育的一位开拓者,被誉为"记者之师"。

抗战胜利后,于1946年6月随复旦迁校回上海,继续为新闻系主任至1950年。他投入了"反饥饿、反内战、反迫害"的民主运动,曾任"大学教授联合会"会长。他成了国民党当局的暗杀对象。但仍同进步师生一起,护卫复旦不被国民党迁去台湾。

中华人民共和国成立后,于1952年秋由毛泽东主席任命他为复旦大学校长。此时全国高校进行院系调整,复旦整合了连自身在内的19所大学的相关学科,集中了来自各高校的一批杰出学者,难免出现人事关系复杂的局面。陈望道主持校政,他气度恢宏,尊重人才,善于协调,团结大家,使复旦的教学、管理稳步前进,为复旦后来的发展奠定了基础。

四、语文研究　学术创新

陈望道是一位学术多面手,他在人文社会科学的诸多领域,如社会学、伦理学、逻辑(因明)学、文艺学、美学等方面均有业绩,而其学术的基点和重心则在对中国语文的研究,他为现代中国语言学的发展作出了奠基性的贡献,尤其在语文改革、语法学与修辞学诸方面更是卓有建树。

1918年,他发表《标点之革新》(1918年《学艺》第3卷,是他的第一篇语言学论文),明确主张引进西式标点来破除"文不加点"的旧传统。接着又发文从学理上和使用上对新式标点的使用做了充分阐释。这对中文书面语得以确立使用新式标点起了极大的推动作用。

1922年3月,他的《作文法讲义》由上海民智书局出版。白话兴起的当时,为了帮助青年人写好文章,也为了翻译文章翻得不要生硬,他就编成了这部讲义,简明而系统地阐述了文章的构造、体制和美质,论说了作文的原理。本书出版后不断重印再版。刘大白称它"是中国有系统的作文法书的第一部"。

1927年,他所著《美学概论》由上海民智书局出版。这是其研究修辞学的别一种成果。为探寻话语文章的效果怎样才是美、怎样才能美以及怎样读懂其美而研究美学,并写成专著,全面简要地阐明美学的基本原理,且多出己见,而对"美的形式"的系统论述尤具特色。这在美学史上产生过重要影响,如丰子恺就以之作为美学教材。

1931年，所著《因明学》由上海世界书局出版（后改名为《因明学概略》于2005年由中华书局重版）。此书是给青年人"以为阅读和实习论辩文体之助"而写。但它却在中国因明学史上别开生面：首先摆脱把因明与佛教教义相混杂的旧传统，以学术的立场阐释因明的面貌和作用，点出因明是"探究主客往复论辩的法则"，而逻辑则是思维的法则。同时，又是第一本用白话文说解因明的书。

1932年，所著《修辞学发凡》由大江书铺出版。这是积十余年勤求探讨之功而成的专著。此书在中国学术界最早引进和运用现代语言学鼻祖索绪尔的理论，在修辞研究中确立了"以语言为本位"的理念，明确了修辞研究的语言学性质；创立"题旨情境"论，提出"修辞以适应题旨情境为第一义"的理论纲领，开现代语境学理论的先声；构建了消极修辞与积极修辞两大分野的学科体系，对汉语辞格作了颇为全面的总结。这就完成了中国传统修辞学向现代修辞学的转变。

1934年6月，他主持召集胡愈之、叶圣陶、陈子展等12位文化界名人发起"大众语讨论"，击退了当时"文言复兴"的逆流，为推进言文一致和民族语言共同化作了有益的探讨；同时，创刊《太白》杂志，在刊物上首倡"科学小品"新文体，为实践大众语作探索。

1938年，他发起和组织中国文法革新的讨论，旨在改变当时汉语语法研究上模仿和照搬外国语法的风习。讨论中他引进和借鉴索绪尔关于聚合和组合的理论，首倡功能说，以解决汉语的非形态而引起的划分词类的困难。而后又在相关论著中不断阐发，至1977年在病榻上完成《文法简论》，其功能说日臻完备，成为20世纪中国语法研究领域中最有影响力的学说之一。

1955年10月，在"全国文字改革会议"和"现代汉语规范问题学术研讨会"上，他为确立普通话即汉民族共同语的科学含义和规范标准作出了重要的贡献。

1962年3月，接任《辞海》主编，进行全书的整合。他统筹全局，确立分科主编负责制，并亲自坐镇，团结众人，攻克疑难，终于完成《辞海》（未定稿，1965年刊行）的编写。

陈望道语文研究上的这些成果，对于翻译工作尤其翻译语言的运用都有着实际的助益。

五、德高望重　典型永存

陈望道一生关心国家命运和社会进步，并为此作出自己的奉献。中华人民共和国成立之际，他已年届花甲，但仍满腔热情地承担社会工作。

1949年9月，作为特邀代表出席了全国政协第一次会议；以后历任第二届全国政协委员，第三、四届全国政协常委，并任上海市政协第二、三、四届副主席。

1951年6月，加入中国民主同盟，而后在盟内长期担任领导职务：民盟上海市第四、五、六届主任委员，民盟第三届中央副主席。

1954年10月，参加第一届全国人民代表大会。此后连任第二、三、四届全国人大代表，并任第四届全国人大常委。他作为知识界的代表，在大家心目中是德高望重的老前辈。

1966年的"文化大革命",剥夺了他的权利和待遇。家里被破"四旧",创办的语言研究室被砸,所主编的《辞海》(未定稿)被打成"大毒草"。由于周恩来总理的保护,对他的冲击未继续升级。1972年,他被批准复出工作。1973年8月,他出席了中国共产党第十次全国代表大会(他于1957年6月由中共中央批准重新成为中共党员,但未予公开)。1975年夏起,他的健康状况日益变差,只得长期住华东医院治疗养病,在医院病榻上完成了《修辞学发凡》的修订,对《文法简论》书稿逐章逐句地定稿。对于学问的追求,他真是生命不息,攀登不止。

陈望道在病情危重之时,特向复旦校领导谈了三点:一是再三表明个人别无所求,希望学校继续努力争取复旦的户口划归市区,以求得教职员工生活待遇的改善;二是着重谈了对复旦在语法和修辞两门学科的研究上都有自己的传统和成就,不应也无法将它们合并(当时有人提出将语法和修辞合成一个学科),而应注意两门学科的不同特点,让它们得到健康的发展;三是向组织表示,自己一生教书,别无财产,留有数千册藏书,愿意悉数捐赠学校图书馆,以作留念。——这就是陈望道的遗嘱。

1977年10月29日,陈望道病逝,享年87岁。

1980年1月23日,中共上海市委根据党中央指示精神,为陈望道举行了隆重的骨灰盒覆盖党旗仪式。

(本文作者陈光磊,复旦大学国际文化交流学院教授、陈望道的第一位研究生。)

附录二

陈望道与他的《共产党宣言》中译本

陈振新

近几年,习近平总书记多次在公开场合提到陈望道和他的《共产党宣言》中译本,有一些与笔者熟悉的年青人很想了解有关故事,现根据记忆中与父亲的接触和父亲生前接受访谈的内容整理成文,以纪念马克思诞辰202周年和马克思、恩格斯著《共产党宣言》中译本问世100周年。

1919年夏,一艘日本商船停靠在上海口岸,在熙熙攘攘的人流中,有一位身着日本学生装的青年,一下船即疾步如飞。不久,他发现身后始终有人跟踪,便转身进了一家客栈,请茶房代为买了一身中国的灰色长衫穿上继续赶路,跟踪的人没有了。这个人,就是年仅28岁的陈望道,他因为"五四"运动爆发,匆匆从日本赶回国内。第二年,他翻译了一本《共产党宣言》。

附录二　陈望道与他的《共产党宣言》中译本

　　《共产党宣言》是一本由马克思、恩格斯写的马克思主义经典著作。1848年2月，年仅28岁的恩格斯和30岁的马克思撰写的《共产党宣言》在英国伦敦首版。虽然它只是一本封面简单朴素、只有23页的德文小册子，但它的出版，却开启了改变世界历史进程的序幕，成了人类发展史上具有划时代意义的标志性文献之一。72年后的1920年，中国暗流涌动，千千万万的进步青年，激情勃发，却又踌躇迷茫。他们渴望改变，想要有所作为，又不知路在何方。就在此时，同样年轻，年仅29岁的陈望道，在义乌分水塘村住宅旁那间破旧的柴房里，把《共产党宣言》一字一句变成了方块文字。随着《共产党宣言》首个中译本的出现，"共产主义"来到了东方这个古老的国家。

历史的选择

　　1920年3月，陈望道接到了《民国日报》邵力子先生的一封来信，说《星期评论》总编戴季陶要他翻译《共产党宣言》，同时还捎给他一本戴季陶的日文版《共产党宣言》和李大钊从北大图书馆借来的英文版《共产党宣言》。

　　在"五四"新文化运动蓬勃发展的那个时期，报纸上已可见马克思、恩格斯著《共产党宣言》的一些片段，但却没有一个人把它全文翻译过来。当时戴季陶也很想自己来完成这一工作，但又感到力不从心，因为他觉得要完成这本小册子的翻译，起码得具备三个条件：一是对马克思主义要有深入的了解；二是至少得精通德、英、日三门外语中的一门；三是要有较高的语言文学素养。陈望道在日本留学期间就结识了日本一些著名学者和早期社会主义者,很喜欢看他们从苏俄翻译过来的文章,从而接受了马克思主义学说。另外,他在日本学的是文学,精通日语,汉语功底也很好,同时还精通英语。三个条件都吻合,所以邵力子推荐他来完成这一翻译工作。邵力子之所以推荐陈望道来完成这一翻译工作,应该还与陈望道在浙江第一师范从事的语文改革有关,与他在"一师风潮"中的表现有关,与他先前在报刊上刊出的介绍马克思主义的文章有关。

在"一师风潮"中,陈望道是"四大金刚"之一,自然为当时的中国知识界所关注;而从陈望道在报刊上刊出的文章和他翻译的马克思主义文章又可见陈望道思想的先进和翻译的功底。所以邵力子推荐了陈望道而不是别人,这可以说是一种历史的选择,实际上也是陈望道个人的一种主动选择,因为他在此前刚经历了"一师风潮"的洗礼。

在"一师风潮"中,陈望道得到了锻炼也接受了教育。正如他自己所说:"浙江'一师风潮'实际上只是宣传文学革命,至于社会改革问题,只是涉及一些而已。"就这样,当局已把它视为洪水猛兽,这使他"认识到不进行制度的根本改革,一切改良实施都是劳而无益的"。陈望道说:"我也就在这次事件的锻炼和启发之下,在事件结束之后,回到我的故乡浙江义乌分水塘村去,进修马克思主义,并且试译《共产党宣言》。"中华人民共和国成立后,陈望道在接见外宾时也曾经说过:"当时社会上有各种思潮,无政府主义、工团主义以及其他许多乱七八糟的东西,因为我信仰马克思主义,所以就答应翻译了。"

附录二　陈望道与他的《共产党宣言》中译本

"够甜,够甜了!"

为了能避开各种干扰静下心来译书,陈望道躲进了离住宅不远处的柴屋内。柴屋年久失修,漏风漏雨,屋里除了一块铺板和两条长凳,什么都没有。分水塘村早春天气十分寒冷,尤其到了晚上,冻得他手脚发麻。

因为译书经常要熬夜,没几天,陈望道就瘦了不少。他母亲十分心疼,特地包了粽子,配了些家乡特产红糖,给陈望道补补身体。他母亲把粽子和红糖送进去后,过了一会,在屋外问道:"是不是还要加点糖?"就听陈望道说:"够甜,够甜了!"等到陈望道母亲进去收拾碗碟的时候,看到陈望道满嘴都是黑乎乎的。原来他把砚台里的墨汁当红糖蘸着粽子给吃了!就是这样,他全然忘我地一字一字地斟酌,一字一字地推敲,"花了比平时多五倍的功夫",终于在1920年4月下旬完成了《共产党宣言》的全文翻译工作。

陈望道翻译《共产党宣言》时是没有任何译本可供参考的,而且当时国内介绍马克思主义的文字也不多,但他还是较为准确地表达了原著的含义。陈望道对于《共产党宣言》的第一句是这样翻译的:"有一个怪物,在欧洲徘徊着,这怪物就是共产主义。"以后的多个版本,对第一句的译法都不尽相同。改来改去,现在我们可以读到的成仿吾新版《共产党宣言》的第一句:"一个魔怪出现在欧洲——共产主义的魔怪。"这种译法,与陈望道的译法十分接近。

陈望道是一位著名的语言学家,他翻译的《共产党宣言》通篇以现代白话文译出，也呼应了当时的文学改良运动。他用通畅的白话文翻译的《共产党宣言》，时隔98年的今天来看仍十分流畅，实在是难能可贵的。

作为中国现代修辞学的奠基人，我们从他翻译的《共产党宣言》里，还随处可见一些白话文修辞学风气的精彩语句，如"宗教的热忱，义侠的血性，儿女的深情，早已在利害计较的冰水中淹死了"。通过与日文本和英文本《共产党宣言》的比较，可以看出其翻译的《共产党宣言》，表现出了明显的中国特色。

1920年5月，《星期评论》社邀请他到上海担任该刊编辑。于是，陈望道带着译稿来到上海。戴季陶原来准备在《星期评论》上连载《共产党宣言》，但这个刊物因为进步倾向太明显了，被勒令停办，所以一直到1920年8月，《共产党宣言》才在共产国际的资助下，由"又新印刷所"以社会主义研究社的名义，作为社会主义研究小丛书的第一种出版。

那时出版、印刷都很仓促，8月版《共产党宣言》的书名错印成了《共党产宣言》。因为封面是红色头像，所以被称为"红头版《共产党宣言》"。这本书首版只印了1 000册，目前国内仅存12本，上海档案馆、上海图书馆、"一大"会址纪念馆、上海鲁迅纪念馆、上海社科院图书馆都有。1920年9月，又再版重印了1 000册，同时把书名改正过来，换成了马克思的蓝色头像，称为"蓝头版《共产党宣言》"。

信仰，因字字句句清晰起来

陈望道译《共产党宣言》为中国共产党的成立奠定了思想理论基础，催生了中国共产党，同时还滋养了一代又一代的中国共产党人。对于陈望道本人来说，则通过翻译《共产党宣言》，才最终确立了马克思主义为自己的信仰。

1920年上海共产党早期组织成立以后，陈独秀发函至北京、武汉、长沙、广州和济南，要求他们也建立共产党早期组织或支部，同时寄去了陈望道译《共产党宣言》。大家都是先从学习陈望道译《共产党宣言》开始的，他们传阅、热议，甚至是辩论，如饥似渴地在字里行间寻求答案。在1920年各地共产党早期组织成立并开展工作的基础上，才有了1921年"一大"召开后中国共产党的成立。

除了催生中国共产党的诞生，陈望道译《共产党宣言》还影响了一代又一代的中国共产党人。

在那个年代，很多革命青年，有报国激情、爱国理想，就是找不到一本完整介绍马克思主义的中文书籍，陈望道在"一师"的学生施承统、俞秀松就是在看了《共产党宣言》以后才开始信仰马克思主义加入中国共产党的。

1920年夏天，毛泽东从湖南来到上海拜访陈独秀时，看到了陈独秀正在校对的陈望道译《共产党宣言》。这是毛泽东第一次接受完整的马克思主义，他很是欣喜，信仰也因字字句句清晰起来。

十多年后的一天，在延安窑洞前，毛泽东对美国记者斯诺说:"有三本书特别深刻地铭记在我的心中,使我树立起对马克思主义的信仰。我接受马克思主义,认为它是对历史的正确解释,以后,我对马克思主义的信仰就没有动摇过。"其中一本书就是陈望道译《共产党宣言》。1939年底,毛泽东在延安又说:"《共产党宣言》,我看了不下100遍,遇到问题,我就翻阅《共产党宣言》,有时只读一两段,有时全篇都读,每读一次,我都有新的启发。"

上海共产党早期组织成立后,在上海创办了一所干部学校,对外宣称外国语学社,刘少奇、任弼时、罗亦农、萧劲光、柯庆施等都是这里的学员。那时,每个学员都发一本《共产党宣言》,并由文化教员陈望道给他们作讲解。刘少奇在回忆那段历史时说,当时他把《共产党宣言》看了好几遍,"从这本书中,我了解共产党是干什么的,是怎样的一个党,我准不准备献身于这个党所从事的事业,经过一段时间的深思熟虑,最后决定参加共产党,同时也准备献身于党的事业"。

周恩来是在法国勤工俭学时读到《共产党宣言》的,在1949年召开的全国第一届文代会上,他当着代表们的面对陈望道说:"陈望道先生,我们都是您教育出来的。"笔者清楚地记得,1975年陪同父亲赴北京参加四届人大常委会期间,父亲去探望病中周恩来时周恩来还关切地问起:"你翻译的《共产党宣言》初版本找到了没有?"陈望道摇摇头说:"还没有找到……"

邓小平也说过:"我的入门老师是《共产党宣言》和《共产主义ABC》。"

2012年11月29日,习近平总书记在参观《复兴之路》展览时,边看展览边向政治局常委们讲述了陈望道蘸着墨汁吃粽子翻译《共产党宣言》的故事,并说"真理的味道非常甜"。正如习总书记在党的十九大报告中所说:"中国共产党一经成立,就把实现共产主义作为党的最高理想和最终目标。"而《共产党宣言》就是中国共产党人这一理想和目标的信仰之源。

时光流泻。如今马克思诞辰202周年,《共产党宣言》问世172周年,它的中译本也诞生100年了。100年来,以毛泽东为主要代表的中国共产党人,成功地将《共产党宣言》中的无产阶级革命理论运用于中国革命的具体实践,提出了一系列解决中国革命实际问题的理论原则和方针政策,从而才有了一个今天强大的新中国。陈望道第一个全文引入的《共产党宣言》,为马克思主义中国化作出了重要的贡献。

(本文原载2018年4月29日《党建》杂志的"学习强国"学习平台,略有修改。作者陈振新,系陈望道之子、复旦大学信息学院教授。)

时,边看展览边向政治局常委们讲述了陈望道蘸着墨汁吃粽子翻译《共产党宣言》的故事,并说"真理的味道非常甜"。正如习总书记在党的十九大报告中所说:"中国共产党一经成立,就把实现共产主义作为党的最高理想和最终目标。"而《共产党宣言》就是中国共产党人这一理想和目标的信仰之源。

时光流泻。如今马克思诞辰 202 周年,《共产党宣言》问世 172 周年,它的中译本也诞生 100 年了。100 年来,以毛泽东为主要代表的中国共产党人,成功地将《共产党宣言》中的无产阶级革命理论运用于中国革命的具体实践,提出了一系列解决中国革命实际问题的理论原则和方针政策,从而才有了一个今天强大的新中国。陈望道第一个全文引入的《共产党宣言》,为马克思主义中国化作出了重要的贡献。

(本文原载 2018 年 4 月 29 日《党建》杂志的"学习强国"学习平台,略有修改。作者陈振新,系陈望道之子、复旦大学信息学院教授。)

图书在版编目（CIP）数据

共产党宣言 / (德) 马克思, (德) 恩格斯著；陈望道译.
— 上海：上海教育出版社，2020.11
ISBN 978-7-5720-0435-3

Ⅰ.①共… Ⅱ.①马…②恩…③陈… Ⅲ.①《共产党宣言》Ⅳ.①A122

中国版本图书馆CIP数据核字(2020)第232432号

责任编辑　杨林成　李梦露
封面设计　橄榄树

共产党宣言
(德) 马克思　(德) 恩格斯　著
陈望道　译

出版发行　上海教育出版社有限公司
官　　网　www.seph.com.cn
地　　址　上海市闵行区号景路159弄C座
邮　　编　201101
印　　刷　上海展强印刷有限公司
开　　本　700×1000　1/16　印张5.25
字　　数　50千字
版　　次　2020年11月第1版
印　　次　2025年4月第10次印刷
书　　号　ISBN 978-7-5720-0435-3/A·0001
定　　价　19.80元

如发现质量问题，读者可向本社调换　电话：021-64373213